新手创新创业
开店指南系列

开家赚钱的宠物美容店

宠物店经营管理从入门到精通

新手创新创业项目组　编写

化学工业出版社

·北　京·

开家宠物美容店，投资小，见效快！

随着电子商务不断冲击着零售业，宠物美容作为一种给宠物提供服务的盈利项目，无法搬到线上去做，所以开一家给宠物提供美容服务的店面还是很不错的选择。它是一种适合年轻人投资经营的小型精品店，投资回报率较高。

《开家赚钱的宠物美容店——宠物店经营管理从入门到精通》一书就是在开宠物美容店投资小、见效快的基础上，把开家宠物美容店的方方面面系统整理出来给新手创业者提供参考，帮助新手分析解决在经营前后遇到的各类问题，让他们迅速从入门到精通，在短期内拥有一家属于自己的风格独特的宠物美容店。

图书在版编目（CIP）数据

开家赚钱的宠物美容店：宠物店经营管理从入门到精通/新手创新创业项目组编写．—北京：化学工业出版社，2019.1（2022.3重印）
（新手创新创业开店指南系列）
ISBN 978-7-122-33122-9

Ⅰ.①开… Ⅱ.①新… Ⅲ.①宠物-美容-专业商店-经营管理 Ⅳ.①F719.9

中国版本图书馆CIP数据核字（2018）第230407号

责任编辑：陈 蕾　　　　　　　　　　　　装帧设计：尹琳琳
责任校对：王素芹

出版发行：化学工业出版社（北京市东城区青年湖南街13号　邮政编码100011）
印　　装：天津盛通数码科技有限公司
710mm×1000mm　1/16　印张13$\frac{1}{2}$　字数210千字　2022年3月北京第1版第4次印刷

购书咨询：010-64518888　　　　　　　　售后服务：010-64518899
网　　址：http://www.cip.com.cn
凡购买本书，如有缺损质量问题，本社销售中心负责调换。

定　　价：49.80元　　　　　　　　　　　　　　　　　　版权所有　违者必究

前言 Preface

随着经济的发展，投身创业的人越来越多。创业是许多朝九晚五的上班族的梦想，也是许多尚未投身职场的大学毕业生、准毕业生的就业路径之一。

创业是创业者对自己拥有的资源或通过努力对能够拥有的资源进行优化整合，从而创造出更大经济或社会价值的过程，是一个人发现了一个商机并加以实际行动转化为具体的社会形态，获得利益，实现价值的方式。

俗话说，男怕入错行，尤其是新毕业的大中专学生，在创业前期一定要考察市场，结合自己所在地区的情况来选择一个最合适的创业项目，这样，才能在未来的发展中日益壮大。

如果想创业，首先应该在自己熟悉的行业进行创业。俗话说，隔行如隔山，如果选择自己不熟悉的或者从来没有做过的行业，风险很大，失败的可能性也很大。创业本身就是以收益为主要目的，如果对一个行业熟悉，遇到问题就能自己解决，能够控制成本，并能很好地预测未来的市场行情走势。选择熟悉的行业创业，可以有效规避风险，节省时间，有利于横向发展。其次，选择创业项目时，必须根据自己的资金、优势、地理位置、人脉关系、兴趣爱好，进行综合分析，如选择有前景、行业市场空间大、竞争对手较少、市场需求量大的行业，要考虑尽可能合理的投资、利润和回报。

创业项目选对了，接下来就是如何经营，如何起步做生意了。如果您是创业新手，第一次开店做生意，那就一定要好好用心了。有人说：创业是件很痛苦的事儿，并且会让创业者不得安宁。而得安宁的唯一办法就是掌握正确的开店技巧，快速进入市场运营，拥有红火不间断的好生意。

基于此，"新手创新创业项目组"挑选了市场上门槛不高、容易上手、市场成熟度比较高的行业，组织编写了"新手创业开店赚钱系列"，具体包括《开家赚钱的花店——花店经营管理从入门到精通》《开家赚钱的餐馆——餐馆经营管理从入门到精通》《开家赚钱的咖啡奶茶店——咖啡奶茶店经营管理从入门到精通》《开家赚钱的便利店——便利店经营管理从入门到精通》《开家赚钱的宠物美容店——宠物店经营管理从入门到精通》，本系列图书去理论化，图文并茂，模块化编写，通过实体店＋互联网的方式展现给读者，抛砖引玉，给读者做个参考。

创业开宠物美容店是一个不错的选择，投资小、见效快。随着电子商务不断冲击着零售业，宠物美容作为一种给宠物提供服务的盈利项目，无法搬到线上去做，所以开一家给宠物提供美容服务的店面还是很不错的选择。《开家赚钱的宠物美容店——宠物店经营管理从入门到精通》一书就是在开宠物美容店投资小、见效快特点的基础上，把开家宠物美容店的方方面面系统整理出来给新手创业者提供参考，具体包括以下几大模块内容：

◇了解开店常识　◇开店前期策划　◇选择经营模式　◇筹集开店资金
◇选择开店地址　◇店铺装修设计　◇开业前期筹备　◇店内商品陈列
◇店内经营管理　◇店面促销推广　◇客户服务管理

本书在编辑整理过程中获得了许多创业培训机构培训导师、职业院校老师和行业一线从业人员的帮助与支持，其中参与编写和提供资料的王玲、王高翔、文伟坚、刘少文、陈世群、李超明、李景吉、李景安、匡五寿、吴日荣、何志阳、张燕、张杰、张众宽、张立冬、郭华伟、郭梅、秦广、黄河、董超、姚根兴、靳玉良、鲁海波、鞠晴江、杨婧，最后全书由匡仲潇统稿、审核完成。在此对他们一并表示感谢！

编者

目录 Contents

第一章 了解开店常识

导语：开家宠物美容店并不简单，不是有钱就可以把宠物美容店开好的，而是要对自己有足够的认识，要具备充分的开店创业素质和开店创业知识，熟知行业常识，了解相应的财务常识及法律常识。

一、开店应懂的行业常识	3
相关链接：宠物行业的市场前景	7
二、开店应懂的财务常识	9
三、开店应懂的法律常识	11
相关链接：个体工商户常识	13
四、开店应具备的基本条件	14
相关链接：宠物行业的创业趋势	15
五、开店应认识的常见宠物	17
六、开店应具备的职业道德	40

第二章 开店前期策划

导语：前期策划是创业开店的指导思想，要一切从实际出发，不能照本宣科，灵活运用科学合理的操作方法，对店铺进行统筹规划。创业者要想开一家宠物美容店，在前期筹备阶段一定要做好各项策划工作，以保证店铺的正常运营。

一、商圈调查与分析	45
相关链接：开店前，如何做市场调查	49
二、明确市场定位	49

三、确定经营项目 ... 52
    相关链接：宠物美容店的主要盈利方式 ... 52

第三章——选择经营模式

导语：资深人士认为，若所开设的店面，与创业者过去工作经验有关，创业者曾担任经营管理职务，可考虑独立开店。但若无经验，选择合适的加盟体系，从中学习管理技巧，也不失为降低经营风险的好方法。

一、个人全资经营 ... 57
二、合伙经营 ... 59
    相关链接：如何处理合伙分红争议 ... 60
三、加盟连锁经营 ... 61
    相关链接：识别特许加盟陷阱 ... 66
    相关链接：宠物连锁店品牌介绍 ... 69

第四章——筹集开店资金

导语：要创业，资金往往是许多人考虑的第一个问题，通常创业资金包括店面租金、装潢、设备、经营周转金等，若是选择加盟创业还包含加盟金、保证金等众多项目费用。然而，并不是每个想创业的人，都有足够的自有创业资金。因此，筹措资金的渠道就十分重要。

一、预测启动资金 ... 75
    相关链接：开宠物美容店的预算 ... 78
二、筹集资金的原则 ... 79
三、筹集资金的要求 ... 81
四、筹集资金的途径 ... 83
    相关链接：成功申请创业贷款的技巧 ... 85
    相关链接：一个人创业如何筹集资金 ... 86

第五章 选择开店地址

导语：好店址是店铺兴旺的基础，如果选对了地方，就不用担心赚不到钱。选择一个好的店址，要考虑很多因素，诸如地理因素、客流量、交通状况、居民消费水平、租金房价等。其中，地理因素、交通状况和居民消费水平最重要。

一、选址的重要性	91
二、选址的流程	92
三、选址的原则	92
四、选址前的调查	93
五、选址的关键因素	95
相关链接：选址前应考虑的因素	97
六、选址的策略	99
相关链接：适合开宠物美容店的地方	100
七、选址的误区	100
相关链接：宠物美容店选址分析报告	102

第六章 店铺装修设计

导语：宠物美容店的装修设计直接影响到用户体验度，所以装修设计在整个宠物美容店筹备的流程中非常重要，创业者在进行设计的时候一定要进行合理的安排和布局。

一、店铺起名	109
二、店面Logo设计	110
三、店面色彩设计	111
四、店铺外观设计	113
相关链接：招牌设计制作基本常识	114
五、店铺内部装修	116
六、店铺规划布局	117

七、店铺功能设计 | 121
　　相关链接：宠物美容店装修注意事项 | 122

第七章　开业前期筹备

导语：无论任何事情，都应做好周密而翔实的准备工作，开店也是如此。开店要从点点滴滴做起，要重视开店的每一个细节，尤其是在前期筹备时就要尽可能面面俱到。只有充分重视前期的筹备工作，才能真正为以后的经营铺平道路。

一、开店手续办理 | 127
　　相关链接：不同经营项目所需的证件 | 127
二、人员招聘 | 129
三、货物采购 | 132
四、开业宣传造势 | 134
　　相关链接：宠物美容店开业前如何做宣传 | 139

第八章　店内商品陈列

导语：宠物商品种类繁多，形态各异，考虑到商品的档次、目标顾客、店面大小、空间格局上的差异和营销策略等方面的具体情况，各种陈列对象会有非常大的差别。如果能够突出商品的特色和优势，营造良好的氛围，充分展示形象，就能更好地吸引顾客，促进销售。

一、商品陈列原则 | 143
　　相关链接：直击客户心理的商品陈列法 | 143
二、商品陈列方式 | 144
　　相关链接：宠物服装的陈列方式 | 146
三、商品摆放的规则 | 147
四、商品展示技巧 | 150

第九章 — 店内经营管理

导语：虽说宠物美容店的市场前景可观，消费者对宠物美容店的需求量大，有些宠物美容店的生意也很火爆，但是开一家宠物美容店，想要自己的店铺能够获得可观的利润收益以及长足的优势发展，店主必须在经营和管理上下功夫才行。

一、做好价格定位	**155**
相关链接：宠物美容店如何给商品定价	**157**
二、优化商品结构	**158**
三、及时安排补货	**159**
四、前期经营要点	**161**
五、注重经营细节	**162**
相关链接：宠物美容店的经营理念	**163**
六、加强员工管理	**164**
相关链接：员工管理的细节	**165**
七、环境卫生管理	**166**

第十章 — 店面促销推广

导语：开店不代表一成不变地守店，就如同在开店之初需要做好各项准备工作一样，开了店也不代表可以不再操心。要想有好的生意，促销活动是必不可少的经营手段之一。一种成功的促销手段，肯定是能符合商家自身利益同时也符合消费者消费理念的。

一、店铺促销的目的	**171**
二、促销的形式	**172**
相关链接：宠物美容店常用的促销方法	**175**
三、库存产品的促销	**176**
四、促销的技巧	**177**
相关链接：促销需要把握好度	**178**

五、提升人气的技巧	179
相关链接：宣传媒体的选择	180
六、社群营销	181
七、微信推广	184
相关链接：微信推广的技巧	186

第十一章　客户服务管理

　　导语：要让自己的店铺在激烈的竞争中立于不败之地，树立和掌握全新的服务理念非常重要。店主应全面深入了解顾客，主动出击争取顾客，努力留住老顾客，用服务提高顾客满意度，赢得顾客的忠诚。

一、热情接待顾客	191
相关链接：不同顾客的接待方法	193
二、提供优质服务	193
相关链接：如何为顾客提供优质服务	195
三、客户信息管理	196
四、退换货处理	198
五、顾客投诉处理	200
相关链接：如何正确对待客户的投诉	202

第一章
了解开店常识

开家赚钱的宠物美容店
——宠物店经营管理从入门到精通

第一章
了解开店常识

导语

开家宠物美容店并不简单,不是有钱就可以把宠物美容店开好的,而是要对自己有足够的认识,要具备充分的开店创业素质和开店创业知识,熟知行业常识,了解相应的财务常识及法律常识。

一、开店应懂的行业常识

宠物一般是指家庭饲养的、作为伴侣动物的狗、猫、淡水观赏鱼、鸟、爬行动物等。其中,宠物狗和宠物猫无论是在家庭拥有率、规模还是消费者偏好方面都占据着绝大部分市场。

发展至今,宠物行业在发达国家已有百余年的历史,目前,与宠物相关的产业已经成为一个独立的产业,开枝散叶,市场细分越来越精细。

宠物行业覆盖宠物从生老病死、衣食住行,到学习训练、休闲娱乐等一切生活行为活动,一般包括上游的宠物产品和下游的宠物服务。宠物产品涵盖宠物饲养、宠物食品、宠物用品;宠物服务涵盖宠物医疗、宠物美容、宠物培训、宠物摄影、宠物保险、宠物"婚介"、宠物寄养、宠物托运、宠物殡葬等,如图1-1所示。

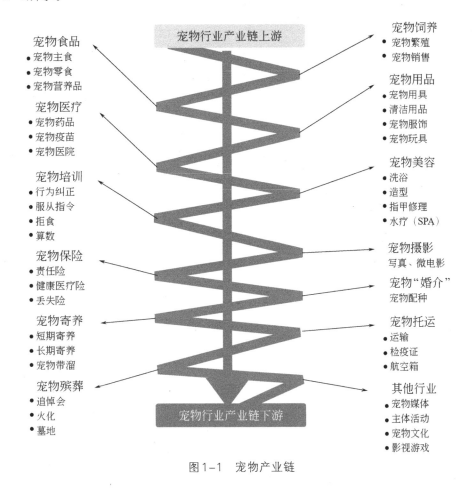

图1-1 宠物产业链

开店锦囊

宠物产业的特点为子行业种类众多,但其中一些子行业本身的市场规模相对较小,不容易培养客户黏性。其中,宠物食品、宠物医疗是宠物行业中最大的两个细分领域,占比较高。

1. 宠物产品

图1-2 宠物及宠物产品

宠物产品(图1-2)是指能够供给市场,被宠物使用和消费,并能满足其某种需求的任何事物,主要包括以下几类。

(1)宠物繁殖。目前国内宠物繁殖市场相对混乱,繁育养殖的品质和生产效率低,宠物交易的消费体验差,缺乏可信赖的品牌。

(2)宠物食品。宠物食品是专门为宠物提供的介于人类食品与传统畜禽饲料之间的食品,其作用主要是为宠物提供所需的营养物质,具有营养全面、消化吸收率高、配方科学、饲喂方便以及可预防某些疾病等优点。

宠物食品按照功能可分为如表1-1所示的几类。

表1-1 宠物食品的分类

分类	具体说明
宠物主食	按照产品的形态和加工方式不同,可以分为干粮和湿粮两类,主要用来提供宠物日常维持体能的能量和营养成分
宠物零食	包括肉干、肉条、咬胶、洁齿骨等,一般是在宠物休闲的时候,主人用来吸引宠物注意力或者是调节宠物口味的食物,主要是帮助主人加深与宠物之间的感情,增强与宠物之间的互动
宠物保健品	根据宠物的生理状况等制作的调理品,通过它可摄入适当的营养成分,有利于宠物的健康发育和成长;同时,也可作为辅助治疗,用于患病宠物的恢复

（3）宠物用品。宠物用品一般定义为仅供宠物使用的直接购买给宠物的相关用品。常见的基本用具包括宠物用具、清洁用品、宠物服饰、宠物玩具等，如表1-2所示。

表1-2 宠物用品的分类

分类	具体说明
宠物用具	常见的用具主要有窝笼、窝垫、爬架、食具、饮水器等，主要是为了提高宠物的生活品质。一款好的宠物用品应当具备功能齐全、造型美观、价格实惠等功能
清洁用品	主要有宠物沐浴液、宠物滴耳露、修毛刀、梳子、洁牙骨、牙刷、宠物喷雾等，可减少宠物疾病的发生概率，防治体内外寄生虫，保持毛色的光泽
宠物服饰	包括衣帽、鞋、项圈、牵引绳等，除了起到保护皮肤和抵御严寒的作用外，也反应主人的审美品位。兼具实用性和趣味性的服饰更易获得主人的青睐
宠物玩具	包括球类玩具、磨牙玩具、发声玩具、训练玩具等，可以娱乐宠物，防止宠物对家具、衣物的破坏，增强主人与宠物的互动。玩具种类丰富多样，并且结实、耐用，不会被宠物误食

2.宠物服务

宠物服务是向宠物主人和宠物提供满足其日常生活和心理需求的服务。越来越多的宠物主人愿意支付费用为他们的宠物提供如人一样的生活方式，同时催生出更多的个性化服务。随着饲养宠物的数量激增，宠物服务行业潜在的市场容量逐渐变大。

（1）宠物医疗（图1-3）。宠物医疗一般包括宠物医院、药品和疫苗。研发宠物药品的投入大、周期长，国产的宠物药品目前面临品类少、质量低的困境。宠物疫苗方面，外资企业的市场份额达到90%以上，国产疫苗在产品效果和消费者的习惯上，都缺乏竞争优势。因此短期来看，宠物药品和疫苗将继续依赖进口。宠物医院方面，目前以个体

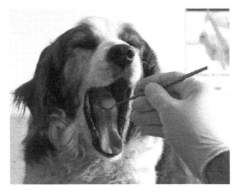

图1-3 宠物医疗

私营为主,服务质量与水平良莠不齐,大型的连锁宠物医院正在兴起。

(2)宠物美容(图1-4)。宠物美容是指为宠物遮掩体型缺失、增添美感,从而达到让宠物和主人身心愉悦的效果。主要包括宠物洗浴、造型、指甲修理、水疗(SPA)等。除了对宠物的健康大有益处外,也是一种时尚潮流的体现。

图1-4 宠物美容

(3)宠物培训。宠物培训服务的目的在于把宠物的习性调整到最佳程度。一整套的服从训练包括行为矫正、服从指令、拒食、算数等内容,根据不同客户要求的训练内容,收费差异较大。

(4)宠物摄影。由专业的宠物摄影团队为宠物及主人进行写真集、微电影等拍摄,为主人与宠物一起创造和记录美好回忆。宠物摄影的拍摄难度大,同时价格偏高,2000元/套属于中等价位。

(5)宠物保险。宠物保险主要包括健康医疗保险、责任保险、丢失保险。不仅保障宠物本身,也针对投保人因宠物造成损失进行经济赔偿。目前存在供给主体不足、险种单一、保单限制条款过于严格等问题。

(6)宠物"婚介"。宠物数量的增加及宠物主人对宠物交配的时间、品种、体型等方面要求严格,催生了宠物"婚介"行业。单纯依靠"婚介"收入是难以支撑门店或是网店的,因此"婚介店"一般提供一些类似"婚礼摄影"等附加服务。

(7)宠物寄养。由于节假日、出差等原因不能照顾宠物,越来越多的人选择宠物寄养。宠物寄养需求具有天然的"潮汐效应",春节和小假期是明显的寄养高峰期。宠物寄养包括长期寄养、短期寄养、宠物带溜等。目前国内宠物寄养还处于最初级的萌芽阶段,很多宠物寄养互联网平台兴起,但是平台尚不规范化。低频次与低客单价是制约行业发展的主要因素。

（8）宠物殡葬。宠物殡葬包括宠物火化、灵堂布置、墓地等。宠物殡葬行业在我国还处于初期阶段，有安葬宠物、安慰宠物主人、保护环境的作用。死亡动物的尸体本身就存在着有害病菌和病毒，对土地和水源都有不同程度的污染。据报道，北京一年有22万只宠物离世，但只有10%的宠物主人选择火化，进行无公害处理。

（9）宠物托运。宠物托运是指按照国家法律规定，对宠物进行远距离、中距离、近距离的护送运输，包括运输、代办检疫证、提供航空箱等业务。国内的宠物托运市场尚无统一标准，运输途中伤亡事故较多。

（10）其他行业。伴随着宠物行业的发展，一些新的行业逐渐兴起，如宠物媒体、主题活动、宠物文化、影视、游戏等。

 相关链接

宠物行业的市场前景

中国宠物市场整体向好，展现出很大的发展潜力。猫狗数量接近0.9亿只，宠物商品及服务消费规模逐年增加。

1. 总体规模继续保持30%的增幅

中国宠物行业市场规模趋势及增速

中国宠物行业规模在2017年达到1340亿元，2010～2020年期间保持年均30.9%的高增长率。它以显著优势"跑赢了GDP"，但值得注意的是，随着基数增大，其增速逐渐趋向平稳。

2.养宠家庭小增2个百分点,但空间巨大

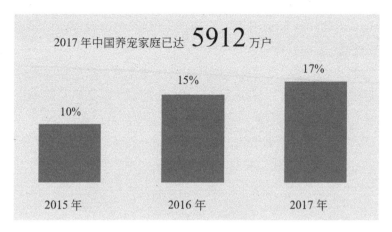

中国近3年养宠规模

中国养宠家庭正在增多,2017年已达5912万,占比高达17%,比2016年提升2个百分点。一个业界公认的"分水岭"是,在人均国民生产总值超过3000美元后,养宠家庭的比例将大幅度提升,中国的很多省市已经具备这一条件。对比全球宠物拥有率最高、宠物产业最成熟的国家之一——美国,早在2015年,其拥有宠物的家庭已经达到惊人的65%。鉴于庞大的人口基数,未来空间可想而知。

3.人们更愿意花钱,平均花费增长约15%

数据显示,养宠人群年度总消费额达到6436元,这一数据在2016年约为5500元,整体增幅在18%左右。其中,养狗和猫的年均消费为6771元及5082元。相比之下,2015年美国宠物狗年平均产生1650美元开支,宠物猫则为1130美元。尽管统计口径上略有差异,但其增长空间的确很大。

随着人们生活水平的提高,宠物经济这种新型经济随之诞生和繁荣。从最初的宠物交易市场,到"宠物大军"逐渐衍生出的一系列行业,覆盖宠物生老病死的每个环节,"钱景"一片大好。宠物身后一条完整的产业链条已逐渐形成,并不断延伸到制造业和服务业的各个领域,宠物产业有望成为我国未来最赚钱的十大新兴行业之一。

二、开店应懂的财务常识

店铺的财务管理是管店的重要环节,该环节可使表面上杂乱无章、千头万绪的店铺生意变得条理清晰,同时还可以防止店铺生意中的各种弊端。事实上,店铺生意所有的管理活动基本上都是建立在财务管理的基础之上的。想使店铺的经营管理更加合理,走上正轨,店主就必须加强财务管理,而要做到这些,其自身就必须具有基础的店铺基本财务知识。主要包括如图1-5所示的常识。

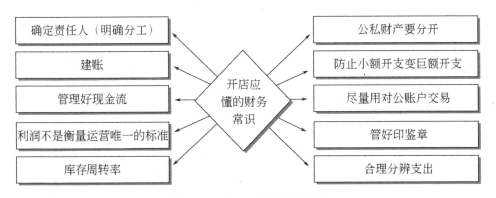

图1-5 开店应懂的财务常识

1.确定责任人(明确分工)

麻雀虽小,五脏俱全,千万不要以为自己的店铺小,就不重视财务工作了。无论是连锁公司还是路边小店,财务人员都很重要。你需要有人负责资金和财务管理,这个人不一定要是专职,但一定要有这样一个岗位。

2.建账

很多创业者认为建账没有做商业计划、与客户沟通等重要。其实,每个月做好这些记录也是非常重要的,到你真正需要时就不会焦头烂额了。

比如,当你要报税或要向银行提交报告时,如果没有了之前的记录,缺了相关的资料,那就比较麻烦。

 开店锦囊

最好在创业之初就做好相关准备。在聘请的专业人士未到位之前,可以自己采用手工账的形式进行简单账务管理。

3.管理好现金流

一家企业倒闭的主要原因可能是资金周转不灵。现金流是运营一个企业首先要学会管理的最重要的财务指标。通俗来说，你要知道你的钱从哪来，到哪去了。有条件的话，认真做个预算，算一算下个月的支出，按预算执行对小创业者是非常重要的。

4.利润不是衡量运营唯一的标准

对于刚开始的创业者，利润并不是最佳预测公司实际运营情况的指标。事实上，利润指标往往令人失望。

如果业务繁忙，你会发现你的现金储备消耗得比预期要快很多。你的利润可能会比较低，但这也许是好事，因为业务增长十分迅速；相反，通过计算店铺业务的增长率，可以得知店铺是否在正确的道路上发展。

5.库存周转率

货物留在店铺货架上的时间越长，这些资产的回报率就会越低，而这些存货的价格也更加容易下跌。这也就是你为什么希望你的存货不断流动或"周转"的原因。

开店锦囊

留意库房里很久没动过的产品，及时采取措施，消灭库存，你需要充足的资金流来支持店铺的运营。

6.公私财产要分开

现在有不少店铺均为创业者独自经营，因此，这就会出现一个问题：财务公私不分。

本来生意的现金周转、利润水平都处于相对理想的状态，但个人的高消费足可以严重影响生意的财务状况。同时，尽管是"肉烂在锅里"，但由于财务公私不分，很难使店铺正常发展。

7.防止小额开支变巨额开支

有时候，许多小额费用加起来，会成为一笔很大的费用。把这些项目综合起来看，你觉得值得吗？如果答案是否定的，你就需要从所有这些项目对公司的综合影响上来判断，考虑超过一定数额的费用花得是否值得，而不是只看相互分离、彼此互不联系的购买项目。

8. 尽量用对公账户交易

所有交易力求用对公账户完成。因为通过银行账户付款是有一定流程的，只要把印鉴章管好，一个人是无法把钱转走的。同样，收款也要通过银行，务必不能让业务员经手现金。

尽量做到不收现金，不付现金（小额费用可以装个POS机），这样年底即使不做账，打个对账单流水也能把企业现金流看个大概，还能保证真实性。

9. 管好印鉴章

如果你不能把所有的印鉴章都"抓在手里"，最少公司章、财务章要分别交给最可靠的人。财务章管的是钱，公司章管的责任和风险。

有了这两个章，店铺一般事务就不能绕过你，它们代表了权力。所以盖章一定要登记，年底把登记表看一下，就知道今年做了哪些事情，责任人是谁。

10. 合理分辨支出

创业之初，需要严格把控支出。

比如，装修高档的办公室、花费高昂却不能得到立竿见影效果的营销活动，这类的支出可以暂时搁置，某些高价的软件也可以寻找代替品。

但是一个商业计划书，一次市场调查，一场目标明确、效果明显的营销活动，以及一个好的税务财务顾问，这些开销可是不能省的。

三、开店应懂的法律常识

如果想创业，就一定要了解我国的基本法律环境，对于店主来说，应从以下几个方面了解与开店有关的法律知识。

1. 了解办理登记手续

设立店铺从事经营活动，必须到工商行政管理部门办理登记手续，领取营业执照，如果从事特定行业的经营活动，还须事先取得相关主管部门的批准文件。

2. 工商管理法规

如果将店铺注册成企业的话，还需了解《中华人民共和国企业法人登记管理条例》《中华人民共和国公司登记管理条例》等工商管理法规、规章。

3. 地方优惠政策

近年来，政府给予了小微企业很多优惠政策，支持小微企业的发展并尽可能地减轻小微企业的负担。

属于特定行业的企业，还有必要了解有关不同产业园区的法规、规章、有关地方规定，这样有助于你选择创业地点，以享受税收等优惠政策。

4. 税务登记程序

店铺设立后，你需要进行税务登记，需要会计人员处理财务，这其中涉及税法和财务制度，你需要了解店铺需要缴纳哪些税，你还需要了解哪些支出可以算进成本、开办费、固定资产怎么摊销等。

5. 劳动合同

如需要聘用员工，这其中涉及劳动法和社会保险问题，你需要了解劳动合同、试用期、服务期、商业秘密、竞业禁止、工伤、养老金、住房公积金、医疗保险、失业保险等诸多规定。

6. 知识产权

了解知识产权知识，保证既不能侵犯别人的知识产权，又要建立自己的知识产权保护体系，因此店主还需要了解著作权、商标、域名、商号、专利、技术秘密等各自的保护方法。

7. 民法常识

在业务中还要了解《中华人民共和国合同法》《中华人民共和国担保法》《中华人民共和国票据法》等基本法律以及行业管理法律法规。我国实行法定注册资本制，如果不是以货币资金出资，而是以实物、知识产权等无形资产或股权、债券等出资，还需要了解有关出资、资产评估等法规规定。

开店锦囊

以上只是简单列举创业常用的法律,在实际的运作当中会遇到专业的法律问题,还是要请求律师来帮忙处理。

相关链接

个体工商户常识

个体工商户是指公民个人或家庭依法经核准登记,以个体财产或家庭财产为经营资本,在法定范围内从事工商业经营的一种特殊民事主体。在我国,个体工商户是作为公民的一种特殊形式存在的,其实际上享受权利、承担义务的仍然是公民(自然人),但此时的公民作为民事主体是以户的特殊形式出现的,法律地位比较特殊。个体工商户有个人经营、家庭经营与个人合伙经营三种组织形式。

1.法律地位

在依法核准登记的范围内,个体工商户享有从事个体工商业经营的民事权利能力和民事行为能力。个体工商户的正当经营活动受法律保护,对其经营的资产和合法收益,个体工商户享有所有权。个体工商户可以在银行开设账户,向银行申请贷款,有权申请商标专用权,有权签订劳动合同及请帮工、带学徒,还享有起字号、刻印章的权利。

个体工商户从事生产经营活动必须遵守国家的法律,应照章纳税,服从工商行政管理。个体工商户从事违法经营的,必须承担民事责任和其他法律责任。

2.法律特征

(1)个体工商户的主体是个体劳动者,是个体经济的一种法律形式。

(2)个体工商户必须在法律允许的范围内从事工商经营活动。

(3)个体工商户必须依法核准登记。

(4)个体工商户作为民事主体的一种形式,享有人身权和与人身权有关的财产权。

3.法律责任

个体工商户作为从事经营的主体，若违反与工商业经营相关的法律法规的规定，应该承担相应的法律责任，这种责任是由于个体经营身份而引起的，是以个体经营者为责任主体的特别责任。

在个体工商户的经营中，与之有最密切关系的法律主要有《民法通则》《城乡个体工商户管理暂行条例》《合同法》《产品质量法》《消费者权益保护法》《反不正当竞争法》《广告法》《商标法》《专利法》《著作权法》《食品卫生法》《药品管理法》《标准化法》《计量法》《环境保护法》以及《刑法》《行政处罚法》等。

四、开店应具备的基本条件

宠物行业的前景越来越好，相信想开宠物美容店的人对此趋之若鹜。但是在开店前，最好了解一下，自己是否具备以下基本条件，这关系着店铺以后的正常运营。

1.要有经营管理头脑

开宠物美容店首先要学习的就是店铺的经营和管理，否则店铺开起来以后，不懂得经营和管理，又怎么能盈利呢？

2.要掌握相关的知识

要想开宠物美容店，创业者应具备一些宠物基本知识，比如能识别各种宠物的品种；具备一定的兽医知识，会喂养及护理宠物；懂得不同宠物的美容方法等。创业者只有懂得这些知识，才能更好地为顾客服务，解决顾客的需求，这是最基本也是最重要的。

3.要具备专业的技术

开宠物美容店需要具备专业的技术，其中包括宠物修剪、宠物用品销售、宠物训练、宠物饲养等一系列知识，这些都是开宠物美容店必须具备的不二条件，因为这些都是店家需要拥有的技术。

> **开店锦囊**
>
> 宠物美容店的投资者或管理者应该用扎实的专业技术来吸引客户,让其成为宠物美容店的常在客户。

4. 要有好的进货渠道

只有好的进货渠道,才能够保证产品的品质和款式,才能吸引并留住客户。

5. 要对产品非常了解

当顾客进到店里想给宠物买东西的时候,肯定会问这款产品怎么样,这个时候,你应该给顾客一些介绍,让顾客去信服你。当你不能把自己的产品介绍给客户的时候,客户下一次可能就不会来了,所以对产品的了解也是重中之重。

6. 要热爱各种宠物

开宠物美容店必须要和各种宠物打交道,所以说开一家宠物美容店,需要自己喜欢宠物,如果自己都不怎么喜欢宠物,开店后每天需要面对非常多的宠物,时间长了之后便会感觉厌烦,会对工作造成不良影响,导致客户体验度降低,慢慢地会损失客户,导致开店失败。

7. 具备成功的耐心以及决心

开一家宠物美容店还应具备一定的耐心和决心,要想让宠物美容店走向成功,不是一两天把宠物美容店经营好就完事了,需要不断的努力,不断地获得消费者的认可,不断地完善,才能迎来宠物美容店的最终胜利。所以在宠物美容店的经营过程中,势必会有一个阶段,需要投资者们去适应、去面对、去坚持,所以经营一家宠物美容店,要具备耐心和决心。

相关链接

宠物行业的创业趋势

随着宠物行业热度提升,越来越多的人希望投身宠物行业。在开始你的宠物行业创业之前,你想好要从哪个方向入手。下面简单介绍10个创业方向,可供选择。

1. 宠物上门看护

宠物上门看护是一项很受欢迎的业务，成本很低，因为你的开销仅限于交通费和广告费。宠物保姆每天都要到客户家中为宠物提供日常的护理，如喂食、喂药、遛狗、清理垃圾等。

当你的客户基数够大之后，你可以选择自己创业，雇佣员工提供上门服务，还可以把宠物护理和其他服务结合起来。

2. 驯犬师

驯犬师需要受过正规的培训，必须要持有驯犬师专业证书（驯犬师专业证书可以提高他们的声誉）。驯犬师可以在不同的环境中驯犬，包括在家里、宠物美容店、宠物寄宿、宠物学校，可以提供私人或团体课程，也可以专攻特定领域的训练（如敏捷、服从或口令）。

3. 宠物寄养

宠物寄养业务的从业成本比其他业务成本要高，因为必须要有可以让宠物住宿的场地，但这项业务绝对有潜力，且利润很可观。

小型的宠物寄养店可以由1~2个人经营，如果想做大一些的宠物寄养服务，则需要雇佣员工或寻找兼职人员帮助。宠物寄养从笼子到豪华的"宠物酒店"应有尽有，有些单间中包括床和电视。

4. 宠物日托服务

过去几年，宠物日托服务非常流行，它的优势在于营业时间是正常工作日，不涉及宠物过夜及周末照看服务。这对于那些希望晚上及周末享受家庭的宠物行业从业者来说，是一个极好的福利。日托门店里包含宠物游戏区和WiFi视频监控。商业区仅允许较小规模的宠物日托，类似家庭日托，其他的都在商业区外经营。

5. 美容服务

在有些人眼里，宠物美容师是一个了不起的职业，可以成功完成各种宠物美容的品种造型。移动宠物美容业务，特别是经过特殊改装的货车，越来越受欢迎。当然美容业务也可以以门店形式经营（需要支付门店租金）。

6. 宠物出租车

宠物出租车服务在宠物商业领域是一个相对较新的项目，且它的从业成本很低。仅需要一辆可靠的车，几个不同尺寸的宠物旅行箱，以及一部手机即可。对于那些喜欢弹性工作时间的人来说，这绝对是一项非常好的工作。

7.宠物粪便清理

清理宠物粪便不是每个人都能做的，但如果你可以，它将使你获得不错的收益。清理粪便服务的需求近几年呈现增长趋势。要开展这项业务，你需要的装备包括铲子、垃圾箱、车辆以及洽谈好可以处理这些粪便的垃圾场。提供清理宠物粪便服务的工作地点可能是客户住宅内、兽医诊所、寄宿狗舍及狗公园。

8.遛狗服务

遛狗服务一直是最流行的宠物服务之一。它的从业成本也很低，所需要的开销仅限于交通费和广告费。对于喜欢锻炼的人来说，这是宠物服务业务中最好的一个项目，但你必须准备好在不同的气温和不断变化的天气条件下工作。

9.自制宠物零食

自制宠物零食的业务可以通过实体店零售或线上销售。宠物对美食的需求是非常强烈的，所以在当地投资零售店是一个有潜力的项目。

在投资一家昂贵的零售店之前，这项业务可以试着先在家里开始做。宠物零食店的热门产品可能包括礼品篮，宠物生日蛋糕或蛋糕，以及个性化的小吃。

10.宠物店

单独的宠物店无法和全国连锁零售商竞争，但是或许可以在当地宠物市场做特色服务店，不同于全国连锁零售商店的服务。这是另一个可以通过实体店零售或线上销售的业务。最终是什么样的形式要取决于你预计投入多少资金。而许多成功的宠物店，都会给客户提供定制产品服务，如宠物床上用品、宠物身份识别牌和礼品篮等。

五、开店应认识的常见宠物

本书中所介绍的宠物，是指人们为了消除孤寂或出于娱乐目的而豢养的动物。一般是哺乳纲或鸟纲的动物，因为这些动物大脑比较发达，容易和人交流。在所有动物类宠物中，普遍流行的主要为狗和猫，另外鸟、鱼、龟、仓鼠、兔子等也较为广泛。这里主要介绍几种常见的宠物狗和宠物猫。

1. 宠物狗

狗是一种有灵性的动物,已被人类驯化了几千年,其嗅觉灵敏、动作敏捷、善解人意、忠于主人。在很多国家,各种体形优美的狗早已成为最受喜爱的家庭宠物。

比较著名的宠物狗有中华田园犬、西藏猎犬、藏獒、哈士奇、松狮、金毛、德国牧羊犬、雪纳瑞、大麦町犬、博美犬、吉娃娃、苏格兰牧羊犬、萨摩耶、可卡、拉布拉多、京巴、比熊犬、贵宾犬、马尔济斯、比利时猎犬、泰迪熊犬、威尔士柯基犬、边境牧羊犬、阿拉斯加、猎狐梗等。

下面简单介绍几种常见的宠物狗。

(1)贵宾犬(图1-6)。贵宾犬(Poodle),也称"贵妇犬",又称"卷毛狗"。

图1-6 贵宾犬

从外形看,纯种的贵宾犬眼睛很黑,呈椭圆形,眼神机灵敏锐,耳朵下垂且紧贴着头部,耳根位于等于或低于眼睛的水平线,长长的耳廓很宽,表面上覆盖着浓密的毛;口鼻长而直,唇部并不下垂,眼部下方略微凹陷,下颚不大也不小,轮廓很清晰,不尖细;牙齿坚固、咬合呈剪状。

从身形看,贵宾犬的脖子长度匀称,修长而结实,咽喉部的皮毛非常柔软,脖子上的毛很浓密。胸部宽阔而舒展,肋骨富有弹性。平滑的肌肉与头部、肩部相连。腰短而宽,结实而强壮,肌肉很匀称,尾巴是直的,位置高且向上翘着。

从体型看,标准的贵宾犬肩高会高于38厘米,迷你型贵宾犬的标准身高为29~38厘米,玩具型贵宾犬的标准身高为25~28厘米,而茶杯型贵宾犬的标准身高都小于20厘米。

 开店锦囊

贵宾犬非常聪明、活泼,性情温和,很容易接近人,容易接受训练,是非常忠实的犬种。

（2）金毛犬（图1-7）。金毛寻回犬（简称金毛犬）（英语学名：Golden Retriever）是比较现代并很流行的犬种，为单猎犬，是用来作为猎捕的寻回犬而培养出来的，游泳能力极佳。

图1-7 金毛犬

金毛犬属于大型犬，体形匀称、强壮，眼睛大小适中，间距宽，深陷，眼神友善，聪慧，最佳眼色为深棕色。披毛浓密而不透水，短毛层生长良好。外层披毛坚韧，贴近身体，垂直或鬈曲，但不会显粗糙或丝质感觉。头部、足掌及前肢披毛较短；前肢背部及腹部长有毛丛；脖子、大腿背及尾巴内侧披毛较茂密。毛色散发出不同色调的金色光泽，脚及尾等的毛丛色浅。其与黄色拉布拉多在尺寸、形状和毛色上相似，年轻的时候更是如此。

另外，金毛犬特别喜欢近水，任何气候下都能在水中游泳寻回猎物，深受猎手的喜爱。经过多年的演变，它以外貌整洁，性格温柔，友善、可靠，忠诚，对小孩有耐心，以及聪明、活泼等优良特点，逐步发展成广受欢迎的家庭犬。除了它一身金黄色的披毛吸引众生外，同时也因它们天生温驯的个性，令人对它倍加喜爱。

 开店锦囊

金毛犬性格善良、友好，对主人十分忠诚。它的感情丰富，个性开朗，喜欢与小朋友玩耍，基于遗传上的特征，很喜欢运动，而且相当贪食。

图1-8 哈士奇犬

（3）哈士奇犬（图1-8）。西伯利亚雪橇犬（英语学名：Siberian Husky），常见别名哈士奇，昵称为"二哈"，是一种中型犬。雄犬重20～27千克，雌犬重16～23千克；雄犬肩高53～58厘米，雌犬肩高51～56厘米。

哈士奇犬是原始的古老犬种，在西伯利亚东北部、格陵兰岛南部生活。哈士奇名字的由来，是源自其独特的嘶哑声。哈士奇犬性格多变，有的极端胆小，也有的极端暴力，进入家庭的哈士奇，基本都已经没有了这种极端的性格，比较温顺，是一种流行于全球的宠物犬。与金毛犬、拉布拉多犬并列称为三大无攻击型犬类。在世界各地被广泛饲养，并在全球范围内，有大量该犬种的赛事。

哈士奇犬的形体特征如表1-3所示。

表1-3 哈士奇犬的形体特征

序号	部位	特征
1	眼睛	眼睛有纯棕色和纯蓝色，也有的一只眼睛为棕色，另一只眼睛为蓝色
2	脸型	通常有十字脸型、桃脸型、三把火脸型（三把火指的是额头上的三道白色痕迹，看起来像三把燃烧的火苗）、地中海脸型四种
3	耳朵	耳朵呈三角形，毛发浓密，外耳毛色多与体表毛色相近，内耳多为白色，耳朵比一般犬要小，正常直立，兴奋的时候耳朵会向后贴住脑袋
4	尾巴	尾部像毛刷一样，有着类似于狐狸尾巴的外形，就像毛笔笔头的造型一样自然向后下垂，在兴奋的时候会微微上翘，但不会翘至背部甚至卷起来。尾巴上的毛通常比体毛长且硬直，也没有体毛柔顺，挥动有力
5	鼻子	鼻子通常都是凉且潮湿的
6	被毛	毛发由两层组成：浓密、开司米状的下层毛，以及长、较粗糙且含有短、直卫的上层毛
7	毛色	毛发颜色大致分为黑色、灰色、棕色（浅棕色又被称为梦幻色）、纯白色（极少）四种，当然这些颜色通常都是夹杂着白色毛发同时存在

图1-9 拉布拉多犬

（4）拉布拉多犬（图1-9）拉布拉多犬（拉丁语学名：Canis Lupus Familiaris）是犬属中的一种家犬。它的别名分别是拉布拉多、拉不拉多，在美国犬业俱乐部中拉布拉多是目前登记数量最多的品种，对小孩尤其友善，对犬主人略黏人。

拉布拉多犬是一种中大型犬类，天生个性温和、活泼，没有攻击性，智商高，是适合被选作导盲犬或其他工作犬的犬种，与金毛犬、哈士奇犬并列称为三大无攻击性犬类之一。

拉布拉多犬性情温和、聪明听话、容易训练、活泼好动、忠实主人、服从指挥，是非常受欢迎和值得信赖的家庭犬。但因该犬需要大运动量才能保证其正常成长，所以无法满足其每日跑动锻炼的家庭不要饲养。拉布拉多犬的形体特征如表1-4所示。

表1-4 拉布拉多犬的形体特征

序号	部位	特征
1	头部	线条分明，宽阔的头顶使脑袋看起来颇大
2	耳朵	耳朵适度垂挂在头部两侧，略靠后
3	眼睛	眼睛大小适中，颜色多为棕色、黄色或黑色
4	颈部	颈部长度适中，不太突出
5	形体	肋骨扩展良好，两肩较长，稍具斜度。胸部厚实，宽度和深度良好。前脚自肩膀以下至地面挺直，趾头密实拱起。后脚踝适度弯曲，四肢长度适中，与身体各部位均衡配合
6	被毛	拉布拉多的皮毛是双层的，而且十分神奇，一层柔软的绒毛，使它们能够在寒冷的水里面保持温度；一层厚硬的外层毛，具有防水功能。拉布拉多的被毛短而密实，无卷毛现象
7	毛色	毛色多为黑色、黄色和巧克力色

（5）博美犬（图1-10）。博美犬是一种紧凑、短背、活跃的玩赏犬，学名哈多利系博美犬（俗称英系博美犬），是德国狐狸犬的一种，原产德国。它与萨摩犬、松狮犬、挪威猎麋犬都有亲缘关系，而且最初属于工作犬或看护犬，直到欧洲文艺复兴时期才真正转为适居户内的伴侣犬，不过因为原始的天性，博美犬仍然具备看护家园的本领。

它具有警惕的性格、轻快的举止和好奇的天性，体型小巧可爱，适合当伴侣犬。友善亲切是博美犬的性格特点，它们在平时的生活中非常活泼、调皮，非常容易融入家庭，而且通常情况下，它们会与一名家庭成员特别接近而视他为领袖。

博美犬的形体特征如表1-5所示。

图1-10 博美犬

表1-5 博美犬的形体特征

序号	部位	特征
1	外形	头部与身体相称，大多数全身毛都是白色，看上去有高贵的气质，远观像是一个毛茸茸的球体，讨人喜欢
2	头部	头部相当短小，头盖宽广且平，形状像狐狸头
3	眼睛	眼睛大小中等，古铜色，略呈椭圆形，两眼间距适中，黑色眼眶
4	鼻子	鼻端部较细，呈楔形，鼻子和被毛同色
5	耳朵	耳朵小，两耳间距较近，多为直立耳，就如狐狸的耳朵
6	形体	胸部厚实，身躯紧凑。前腿笔直而且相互平行。大腿肌肉适度发达。腕部直而结实，足爪呈拱性，紧凑，不向内或向外翻转
7	尾巴	羽毛状尾巴是博美犬的独特之处，尾巴又粗又长，向上翘起到背上
8	被毛	双层被毛：上层被毛长、直、竖直，下层被毛短、厚、棉线样。头、耳、前后腿的前侧以及脚均覆盖有短、厚（柔软的）毛发。躯体其他部分有长且丰富的被毛。不卷曲、呈波浪状或绳状，不在背上分开。颈和肩被有粗鬃毛。前腿后侧的饰毛良好。后腿上从臀部至飞节被有丰富的饰毛
9	毛色	（1）大型博美犬：黑色、褐色、白色 （2）中型博美犬：黑色、褐色、白色、橙色、暗灰色、其他颜色 （3）小型博美犬：黑色、褐色、白色、橙色、暗灰色、其他颜色 （4）玩具博美犬：黑色、褐色、白色、橙色、暗灰色、其他颜色

（6）萨摩耶犬（图1-11）。萨摩耶犬（英语学名：Samoyed），别称萨摩耶，是狐狸犬家族的一员，原是西伯利亚的原住民萨摩耶族培育出的犬种，一岁前调皮、灵动。

萨摩耶犬有着非常引人注目的外表，体格强健却不惹麻烦：雪白的皮毛，微笑的脸，以及黑色的眼睛，有"微笑天使"之称，是现在犬中非常漂亮的品种。萨摩耶犬身体很强壮，速度很快，是出色的守卫犬，但又是温和而友善的，从不制造麻烦，却能保持立场的一种犬。

图1-11 萨摩耶犬

现代很多家庭都喜欢饲养萨摩耶犬，原因就在于这种犬很能够维护邻里之间的关系。

萨摩耶犬的寿命一般在12～15岁之间，最长寿的记录是34岁。2～5岁是萨摩耶犬的壮年时期，7岁以后开始出现衰老现象。10岁左右生殖能力停止。

萨摩耶犬的形体特征如表1-6所示。

表1-6　萨摩耶犬的形体特征

序号	部位	特征
1	耳朵	直立的耳朵很厚，呈三角形，尖端略圆。两耳分得较开
2	眼睛	眼睛颜色深为佳，两眼凹陷，间距大，杏仁形，下眼睑向耳基部倾斜
3	鼻子	鼻子颜色有黑色、棕色、肝褐色，鼻的颜色有时随年龄和气候改变
4	嘴唇	嘴唇多数是黑色，嘴角上翘
5	牙齿	牙齿强壮，剪状咬合
6	背部	背部直，中等长度，肌肉丰满
7	四肢	脚大而长，比较平，似野兔的足，趾稍分开；趾尖呈拱形，肉垫厚而硬，趾之间有保护的毛，脚呈圆形或似猫足
8	尾巴	尾巴比较长，自然下垂时可达跗关节部，尾部被毛长而厚，当犬处于戒备状态时，尾上翘，高于背部或位于背部一侧，休息时下垂
9	被毛	拥有双层被毛，身体上覆盖一层短、浓密、柔软、絮状、紧贴皮肤的底毛
10	毛色	萨摩耶犬的颜色为白色；部分带有浅棕色、奶酪色。此外带有其他颜色都属于品种不纯

 开店锦囊

萨摩耶犬活泼好动，并需人作陪，每日固定运动。对环境的适应力强。对人友善、忠诚，可成为很好的聊天、诉说内心世界的伙伴。

（7）边境牧羊犬（图1-12）。边境牧羊犬（拉丁语学名：Border Collie）是犬科犬属中的犬种，边境牧羊犬以精力旺盛、体格精实且容易学习杂技运动而闻名，在犬类竞技与牧羊犬竞赛中往往表现亮眼，且被学界认为是最聪明的犬种。

边境牧羊犬具有强烈的牧羊本能，天性聪颖、善于察言观色，能准确明白

图1-12 边境牧羊犬

主人的指示,可借由眼神的注视而驱动羊群移动或旋转,被当成牧羊犬已有多年的历史。

边境牧羊犬特点是聪明,学习能力强,理解力强,容易训练,善于与人类沟通,温和、忠诚,服从性好,其忠心程度可以用如影随形来形容,由于温和忠诚的性格而不乱叫,一度成为最受城市人口家养的"宠儿"。而且边境牧羊犬还是飞盘狗最具竞争力的犬种,是历年飞盘狗世界杯大赛的主角。

边境牧羊犬的形体特征如表1-7所示。

表1-7 边境牧羊犬的形体特征

序号	部位	特征
1	形体	雄性犬的肩高范围为48.3～55.9厘米;雌性犬的肩高范围为45.7～53.3厘米。身体长度(从肩胛末端到臀部的距离)略大于肩高。骨骼结实,但不夸张,与整体尺寸相称
2	眼睛	分得较开,中等大小,卵形。眼圈色素和眼睛颜色为褐色;如果身体主要颜色不是黑色,眼睛的颜色会明显浅一些。眼圈色素缺乏属于缺陷。除了云石色外,其他颜色的犬出现蓝眼睛属于缺陷。云石色犬种单眼蓝色或双眼蓝色;单眼部分蓝色或双眼部分蓝色都是正常的
3	耳朵	中等大小,分得较开,耳朵竖立或半立(保持1/4～3/4的耳朵竖立)
4	头部	宽阔,后枕骨不突出。头部的长度与前脸的长度基本相等
5	口鼻	略短,结实且钝,鼻镜端略细。下颚结实且非常发达,如果看起来像被截断的口吻则属于缺陷
6	咬合	牙齿和颚部结实,剪状咬合
7	颈部	长度恰当,结实且肌肉发达,略拱,向肩部方向逐渐放宽
8	背线	平,腰部后方略拱
9	身躯	外观健壮。胸深、宽度适中,显示出巨大的胸腔容积。胸深达到肘部。肋骨扩张良好。腰部深度适中,肌肉发达,略拱,无上提。臀部向后逐渐倾斜

续表

序号	部位	特征
10	尾巴	位置低,中等长度,尾骨延伸到飞节。末端有向上的漩涡。在全神贯注完成任务时,尾巴低垂,以保持平衡。兴奋时,尾巴可能上举到背部的高度
11	被毛	被毛有粗毛和短毛两种类型且皆有柔软、浓密的双层毛。在脖颈两侧、臀部、后腿以及尾巴上都有丰满的粗毛,脸部、耳朵、前肢和后肢的毛发为柔顺的短毛
12	毛色	常见的毛色有黑白两色、蓝白两色和棕白两色,此外还有以黑、蓝、棕为主色的三色毛,以及蓝阴色和红阴色等。大部分人认为边境牧羊犬只有黑白两色,只是因为这两种颜色最常见

(8)比熊犬(图1-13)。比熊犬(法语学名:Bichon Frisé,意指"白色卷毛的玩赏用小狗")原产于地中海地区,是一种小型犬品种,原称巴比熊犬,后称为比熊犬。

比熊犬外形可爱,深受大家喜欢,现在多被当作家养宠物,因此需要定期处理它的毛发,治疗疾病等。

比熊犬性格友善、活泼,聪明伶俐,有优良的记忆力,会做各种各样的动作引人发笑,但对生人凶猛。由于它们长期与人们相伴,对人的依附性很大,非常友善,是很好的家庭伴侣犬。唯一不足的是要经常为其梳洗打扮,日常养护占用时间较多。

图1-13 比熊犬

就整体外貌而言,比熊犬是小型犬,健壮,萌,蓬松的小尾巴贴在后背,有着一双充满好奇的黑色眼睛。其形体特征如表1-8所示。

表1-8 比熊犬的形体特征

序号	部位	特征
1	形体	标准的比熊犬肩高在24.1~29.2厘米之间,体重多在7千克左右
2	眼睛	眼睛圆,呈黑色或深褐色

续表

序号	部位	特征
3	耳朵	耳朵下垂,隐藏在长而流动的毛发中
4	口鼻	口鼻非常匀称,口鼻与头部的长度比例为3∶4
5	鼻镜	鼻镜突出,且总是黑色
6	颈部	颈部长并且总是骄傲地昂起来,平滑地融入肩胛
7	胸部	胸部比较发达,胸部最低点至少能延伸到肘部,前胸非常明显,肩胛骨与上臂骨长度大致相等,肩胛向后倾斜,大约呈45度角
8	四肢	脚垫呈黑色,趾甲一般都控制在比较短的状态下,大腿角度恰当,肌肉发达,距离略宽。足爪紧而圆,有点像猫的足爪,同时足爪直接指向前方
9	尾巴	尾巴位置与背线齐平,温和地卷在背后
10	被毛	多为卷曲的白色毛发,底层毛发柔软而且非常的浓密,外层毛发多为粗毛,而且微微卷曲,质地也较硬
11	毛色	毛发主要为白色,但是在其耳朵或身躯上有存在浅黄色、奶酪色或杏色阴影。只要比熊犬身躯上的其他毛色不超过总被毛数的10%,都属于可以接受的范围

 开店锦囊

比熊犬性情温顺、敏感、顽皮而可爱,但又对居住环境的要求很高,经常需要有人陪伴,这点需要特别注意。

图1-14 中华田园犬

(9)中华田园犬(图1-14)。中华田园犬是中国本土犬种之一,肉食性不强,饮食偏杂食。与狼的外形非常相似,嘴短,额平。地域分布很广,主要分布于长城以南,青藏高原以东,以中原为中心的低海拔的汉族集聚地,是中国汉族几千年农耕社会背景下的产物。传统称呼为"土狗",南方叫"草狗",北方有的地方又叫"柴狗""笨狗"。

中华田园犬性格比较温顺,不容易主动

攻击人类，可以群居，地域性强，容易饲养，忠诚度高，不易生皮肤病。

中华田园犬的形体特征如表1-9所示。

表1-9 中华田园犬的形体特征

序号	部位	特征
1	头部	头部特征更加接近于其祖先狼的外貌，嘴尖，嘴短，额平
2	耳朵	耳位高，耳小且直立或半直立，半直立的耳朵向头部正前方半下垂（不同于其他一些犬种耳朵大且耳朵向头部两边全塌下去）
3	尾巴	尾巴向上翘起，特别在行走时会高高翘起，以金钱尾和镰刀尾为主（明显不同于大多国外犬种较直且下垂的尾部）
4	后腿	当站立静止时，后腿明显很平直并垂直于地面，踝关节弯曲不明显（特别是与大多国外犬种弯曲的后腿踝关节相比更是明显）
5	被毛	中毛为主，毛质粗，容易保持干净
6	毛色	颜色黄、白、黑、杂色都有
7	体形	身体匀称而紧凑；中等大小，身长与肩高比约成1∶1，加上后腿平直并几乎垂直于地面使整个身体呈正方形

开店锦囊

中华田园犬是中国汉族几千年农耕社会背景下的产物，是历史和文化的活化石，被称为"中华国犬"。

（10）松狮犬（图1-15）。松狮犬（英文学名：Chow Chow）属于犬亚科犬属中的犬种之一，是一种古老的犬种，来自中国华北，作为一种独立品种，是很受人喜爱的宠物。

松狮犬集美丽、高贵和自然于一身，一脸典型的"悲苦表情"更添情趣。现在松狮犬可爱的外表已被人视作理想的家居宠物，主要作为伴侣犬。

松狮犬是犬界的"萌神"，胖嘟嘟的身材，蓝紫色的舌头，可爱的表情，无

图1-15 松狮犬

第一章 了解开店常识 | 27

不让其成为人们热衷饲养的宠物狗。松狮犬一般能活12～16年，出生后1年到1年半就可以长成成年犬。

松狮犬的形体特征如表1-10所示。

表1-10 松狮犬的形体特征

序号	部位	特征
1	头部	头部应宽阔而平坦，若头部细长呈楔形、斧形或三角形，通常为混血种
2	舌	舌应为蓝色，若舌为赤色或粉赤色或有赤色斑点，皆系混种
3	耳	耳朵要小而带三角形，并微向前倾且直立，耳距较宽
4	鼻	鼻子较大而宽，鼻孔张开。双眼略有斜位，杏形，眼和眼周围以及鼻端都应呈深褐色或黑色
5	口	口部较宽，闭嘴时，上唇盖住下唇。齿龈及嘴唇都应为黑色。牙齿应平坦且为剪状咬合
6	颈部	颈部应健壮而饱满，躯干、背部和臀部、四肢都应较短。乳房宽而深，腰部肌肉发达
7	四肢	四肢应短，前肢直，骨骼粗大健壮；后肢骨骼壮实且肌肉饱满；脚垫较厚
8	尾	尾根位较高，尾巴向上卷到背上，尾部有长而疏松的饰毛，外观漂亮而大方
9	被毛	全身被毛丰盛，密直而长，色泽亮丽，质松如棉，疏松柔软。尤其是头颈部位的被毛疏松如狮子
10	毛色	毛色为单色，可以有黑色、白色、米色、赤色、蓝紫色、黄褐色、银灰色，但不能有魔纹和杂色

2.宠物猫

宠物猫是一种很完美的动物，它们长得很可爱，喜欢独立生活，不会依赖主人，受到很多人的喜爱。

下面介绍几种常见的宠物猫。

（1）加菲猫（图1-16）。加菲猫（拉丁语学名：Exotic Shorthair）一般指异国短毛猫，它的别称有很多，分别为：外来种短毛猫、异国短毛猫、短毛波斯猫、异短。

图1-16 加菲猫

加菲猫除拥有浓密皮毛外，还保留了波斯猫独特的可爱表情与圆滚滚的体型。性格也如波斯猫般文静、亲切，能慰藉主人的心，性情独立，不爱吵闹。

加菲猫性格好静，可爱，温纯，甜美，不拘小节及忠诚。

样貌酷似波斯猫的加菲猫，其形体特征如表1-11所示。

表1-11 加菲猫的形体特征

序号	部位	特征
1	头部	大而且圆，头盖骨宽。由圆形头骨塑造出圆脸以及短而粗的脖子
2	鼻	短而扁，并且长宽。双眼之中有凹陷，凹陷部分为脸部圆心
3	脸颊	很丰满
4	颚	宽而有力感
5	下巴	丰满，发育良好，厚实有力而且圆，咬合正常
6	耳朵	小，耳朵顶端呈圆形并向前倾斜，双耳距离宽，位于头部偏低处，适合头部圆圆的感觉
7	眼睛	大，圆，饱满，颜色鲜艳。由于泪腺较短，异短的眼睛比别的猫更容易流眼泪，需要主人每天清洗
8	身体	短身型，短腿，胸幅宽，肩部到臀部同样宽度，身体中部丰满，背部呈水平，肌肉有力不痴肥
9	腿	粗短而有力。前脚笔直，从后面看，后脚也是笔直的
10	脚掌	大、圆而且结实。前脚有五个脚趾，后脚有4个脚趾
11	尾巴	短，但应和身体比例相称，不能有不正常的弯曲
12	被毛	浓密，厚实，柔软并且充满活力。色泽艳丽，具有浓厚的短毛，长度适中
13	毛色	具备多种颜色及图案，包括纯色、烟色、斑纹、双色及重点色等

（2）波斯猫（图1-17）。波斯猫（英文学名：Persian Cat）是最常见的长毛猫，它有一张讨人喜爱的面庞，长而华丽的背毛，优雅的举止，故有"猫中王子""王妃"之称，是世界上爱猫者非常喜欢的一种纯种猫，占有极其重要的地位。

波斯猫性情温文尔雅，聪明敏捷，善解人意，少动好静，叫声尖细柔美，爱撒

图1-17 波斯猫

娇，性格中性，举止风度翩翩，天生一副娇生惯养之态，给人一种华丽高贵的感觉。其胆大好奇，喜欢与人亲近，容易调教，是一种深受人们喜爱的高贵宠物。

波斯猫的外形特征如表1-12所示。

表1-12 波斯猫的外形特征

序号	部位	特征
1	头部	头又圆又大，头盖骨甚宽阔，两颊丰满
2	耳朵	耳朵细小，浑圆，向前倾斜，耳朵底部不会过分宽阔，双耳间距宽阔，位于头上偏低位置
3	眼睛	眼睛大且圆，眼色亮泽，双眼间距宽阔（瞳色为蓝色与琥珀色，一般为纯种波斯猫）
4	鼻子	鼻子短、扁、宽阔；下巴饱满，结实浑圆
5	四肢	四肢短而粗壮，前肢笔直
6	足	足掌结实，且又圆又大，前肢各有五趾，后肢则有四趾
7	尾巴	尾巴短，但与身体的比例协调

 开店锦囊

一般来说，波斯猫的毛发需要饲养者每天花费15～30分钟的时间进行梳理，否则很容易纠缠在一起，严重影响其靓丽的外形。

（3）苏格兰折耳猫（图1-18）。苏格兰折耳猫（英语学名：Scottish Fold）属于因突变的一个猫种。这种猫在软骨部分有一个折，使耳朵向前屈折，并指向头的前方。由于这猫种最初在苏格兰被发现，所以它的发现地和身体特征而命名。

苏格兰折耳猫平易近人、性格温和、聪明。对其他的猫和狗很友好。温柔，感情丰富，有爱心，很贪玩，非常珍惜家庭生活。它们的声音很柔

图1-18 苏格兰折耳猫

和。生命力顽强，该品种的猫是优秀的猎手。

苏格兰折耳猫的形体特征如表1-13所示。

表1-13 苏格兰折耳猫的形体特征

序号	部位	特征
1	整体	四肢短，粗壮，肥胖，浑圆。体重2.5～6千克
2	体型	中等体型，圆浑浑的，骨骼中等，肌肉结实。雌性的体型较雄性的细小
3	头	圆形，前额凸鼓。脸颊浑圆。侧看像是缓和的曲线。公猫的肉更多，有的成年雄猫有双下巴
4	耳朵	朝前折，间隔大，耳尖呈弧形。耳朵的大小中等，向前翻折，如同帽子，看上去令头部更加圆浑
5	鼻	宽而短。微微有鼻中断是可以接受的。吻部微微呈圆形。髭毛垫呈圆形。下巴坚实
6	颈项	脖子不太长，但肌肉结实，毛发比其他身体部分的要长
7	眼	大而圆，颜色以毛色为准，间距相当大。颜色和被毛相呼应。颈短而有肌肉感
8	口	上颚及下颚都很有力，咬合正常
9	身体	大小中等，矮胖，浑圆，肌肉非常发达。骨骼大小中等
10	腿和爪	长度和身体长度成比例。骨骼中等大小，其爪的长度与身体相称，浑圆而紧凑。脚掌呈圆形，非常齐整
11	尾	不大于身长的2/3。基部粗大，向尾尖逐渐变细，最后尾尖收拢为圆形，非常柔软和灵活
12	被毛	存在两个变种 （1）短：厚，密实，长毛绒状，有弹性，生长密集 （2）半长：长毛沿着身体倒生长，有如丝般的质感，该变种也称高原折耳猫
13	毛色	除了巧克力色、白色、淡紫色、喜马拉雅猫毛色斑或上述各种毛色的组合之外都被承认

（4）挪威森林猫（图1-19）。挪威森林猫，顾名思义，就是在挪威森林里生存的猫，是斯堪地半岛特有的品种，起源不明，挪威森林猫祖先生长的环境非常寒冷和恶劣，所以，它拥有比其他品种的猫更厚的皮毛和强壮的体格。

图1-19 挪威森林猫

挪威森林猫性格内向,独立性强,聪颖敏捷,机灵警觉,行动谨慎,喜欢冒险和活动,且能抓善捕,善爬树攀岩,有"能干的狩猎者"之美誉。因而不适宜长期饲养在室内,最好饲养在有庭院和环境比较宽敞的家庭。

挪威森林猫的形体特征如表1-14所示。

表1-14 挪威森林猫的形体特征

序号	部位	特征
1	头部	呈等边三角形,颈短,且肌肉发达
2	耳朵	中至大型,耳尖浑圆,底部宽阔,位置偏低,耳朵有很多饰毛
3	眼睛	大杏眼,表情丰富,双眼微微上扬,具有绿色、金色或金绿色的色度,白猫可拥有蓝眼或"鸳鸯眼"
4	鼻子	鼻子中等长,高鼻梁,眉间至鼻尖线条平直,额头平坦,头盖骨和颈部微弯
5	下巴	结实,线条略圆
6	身体	中等长度,肌肉结实,骨骼构造结实。胸部宽阔,整体身型表现力量感,腰窝深;腰围大,没有肥胖感觉。雄猫身型较大,感觉较威风凛凛;雌猫则较小和优雅
7	四肢	中等长度,后肢较前肢长,令臀部高于肩部位置。大腿肌肉发达,小腿结实。从后面看,后肢笔直
8	尾巴	长、毛密,相连身体部分较粗,理想长度应相等于身体(颈项基部至尾巴基部)的长度,拥有长而粗的披毛较为理想
9	被毛	独特的双层披毛,底毛浓密,且被一层长而光滑的防水披毛覆盖。冬天时,浓密的底毛完全生长,因此冬天的披毛较夏天的丰满。披毛的质素与类型最为重要,颜色及图案则较次要
10	足掌	结实,既大又圆,趾间长有浓密的披毛,足趾颜色与毛色互相协调
11	毛色	毛的颜色及图案很多元化,CFA认可的颜色共50种,其中包括黑色、白色、蓝色、红色、啡虎斑、双色、黑烟色、银虎斑等
12	体型	外貌上和缅因库恩猫一模一样,主要区别是:其后腿比前腿稍长,被毛双层

注:CFA指Cat Fancier's Association,爱猫者协会。

（5）美国短毛猫（图1-20）。美国短毛猫（英语学名：American Shorthair）是原产美国的一种猫，其祖先为欧洲早期移民带到北美洲的猫种，与英国短毛猫和欧洲短毛猫同类。

该品种的猫是在街头巷尾收集来的猫当中选种，并和进口品种如英国短毛猫、缅甸猫和波斯猫杂交培育而成。

图1-20 美国短毛猫

美国短毛猫素以体格魁伟，骨骼粗壮，肌肉发达，生性聪明，性格温顺而著称，是短毛猫类中大型品种。

美国短毛猫的形体特征如表1-15所示。

表1-15 美国短毛猫的形体特征

序号	部位	特征
1	头部	头大，脸双颊饱满，给人一种椭圆形的印象，脸的长度比宽度略长，表情甜美。从前面看，头可以分为两个相等的部分——从耳根到两眼中间，从两眼中间到下巴尖
2	耳朵	中等尺寸，耳尖细圆，在头顶自然分开。两耳间的距离两倍于两眼间的距离
3	前额	从侧面看，前额形状光滑，适度的弯曲并延伸到头顶至脖子。从前面看，两耳之间没有明显的突起
4	眼睛	大并且睁得很开，上眼睑像半个纵向切开的杏仁，下眼睑的形状为圆形。两眼间至少有一个眼睛的宽度。外眼角位置稍微比内眼角高。眼神明亮、清晰、警觉
5	鼻子	中等长度，长宽相等。从侧面看，鼻梁到额头由一条柔和的曲线相连
6	口鼻	成正方形，成熟的公猫颚骨轮廓清晰分明
7	颚骨	强壮并且较长，足以咬住任何被捉到的东西。水平咬合与剪刀咬合都很出色（水平咬合是指上下牙平坦相接触，剪刀咬合是指上牙内牙锋碰到下牙外牙锋）
8	下巴	强壮有力，发育良好，与上唇垂直成一条直线。脖子长度适中，肌肉发达强壮
9	身体	健壮结实，强壮有力，肌肉发达，具有发育良好的双肩、胸和后腿。后背宽平且直。从侧面看，从臀骨到尾根略有倾斜，从上面看，身体两侧成一对平行线

续表

序号	部位	特征
10	腿	骨骼和长度适中,肌肉发达,从后面看,四条腿很直并和爪面外沿平行
11	爪	结实、饱满,呈圆形,有着厚厚的爪垫,趾前五后四
12	尾	中等长度,根部粗壮,尾尖看起来是突然变细的,但是尾椎骨尖部却是正常变细
13	被毛	短、厚,质地硬滑,被毛厚度因地区和季节变化不同而不同。被毛的密度足以保证身体不受温度和湿度的影响,并保护表面皮肤不受外界伤害。毛色多达30余种,其中银色条纹品种尤为名贵

 开店锦囊

美国短毛猫遗传了其祖先的健壮、勇敢和吃苦耐劳,性格温和,充满耐性,和蔼可亲,不会乱发脾气,不喜欢乱吵乱叫,适合有小孩子的家庭饲养。

图1-21 虎斑猫

(6)虎斑猫(图1-21)。虎斑猫(拉丁语学名:American Shorthai),原产美国。

虎斑猫个性独立,活泼好动,对周围环境的改变非常敏感,对主人表现出万分的依赖,一旦饲主有了变更,会对它们的心理造成不同程度的伤害。

虎斑猫很容易家庭饲养,只要有适口的粮食和干净的饮用水,就可以快乐地生活着。而且因为是千百年来进化的缘故,它们的自我调整功能也很完善,一般的小病小灾,根本难不倒它们。

虎斑猫的形体特征如表1-16所示。

表1-16 虎斑猫的形体特征

序号	部位	特征
1	头部	头部圆润,两耳间距较近,大小适中,耳根宽阔,耳阔深,顶端较圆润
2	脸颊	脸颊宽阔,使得头看起来相当圆润

续表

序号	部位	特征
3	眼睛	眼睛大而明亮,呈圆杏核状,通常有眼线
4	鼻子	鼻子是砖红色,有鼻线
5	身体	虎斑猫的体形适中,胸腔宽而深厚。四肢及尾部长短适中,健壮有力,肌肉感强。整体感觉强健,平衡感极佳
6	被毛	被毛可以分为长毛和短毛,斑纹美丽,由于酷似野生狸的斑纹,通常称为狸花斑纹;额头有"M"状斑纹,眼角有连贯的延伸线,颈部、四肢及尾部有环状斑纹,身体为连接完整的鱼骨刺斑纹或豹点斑纹
7	毛色	被毛颜色通常是棕色或深棕色,有些虎斑猫身体被毛有白色,其颜色称为狸花白色

(7)伯曼猫(图1-22)。伯曼猫(拉丁语学名:Birman),又称缅甸圣猫。传说最早由古代缅甸寺庙里的僧侣饲养,视为护殿神猫。不过事实上,伯曼猫最早在法国被确定为固定品种,紧接着在英国也注册了这一品种。

伯曼猫温文尔雅,非常友善,叫声悦耳。温顺友好,渴求主人的宠爱,喜欢与主人玩耍,对其他猫也十分友好。它们一旦在新的环境中感到安全,便会流露其善良的性格。它们喜欢在地上活动,并不热衷于跳跃及攀爬,亦喜爱玩耍,但从不对其饲主有所要求。爱干净,在舒适的家中生活很愉快,天气晴朗时也喜欢到庭院或花园里散步。

图1-22 伯曼猫

伯曼猫的形体特征如表1-17所示。

表1-17 伯曼猫的形体特征

序号	部位	特征
1	整体	体型比典型波斯猫的体型长,而脸部较窄,躯干毛色为浅金黄色,与脸、耳、头和尾的颜色形成对比
2	头部	头前部向后方倾斜,稍呈凸状。面颊肌肉发达,呈圆形。脸面毛短,但颊外侧毛长,胡须密

续表

序号	部位	特征
3	耳朵	中等长度。耳朵大而向前竖立,耳端稍浑圆,两耳尖间距宽,两耳根部间距适中,面颊和耳朵都呈现颇具特征的"V"字形,与头部轮廓十分协调
4	眼睛	又圆又大,看起来好像会说话般,而且间距较宽。眼睛呈清澈的蓝色,深蓝色比浅蓝色更好
5	鼻子	鼻梁又高又直,中等长度,鼻尖稍缓慢下降,略呈鹰钩鼻状
6	四肢	四肢粗短,骨骼发达,肌肉结实、有力;前肢直立
7	足掌	趾大而圆,握力大,爪短而有力,呈白色,像戴了白手套般。前趾的部分称为"手套",后趾的部分叫作"蕾丝"(Laces),并伸至关节点
8	尾巴	尾长中等,与身体协调,尾毛浓密
9	披毛	中长毛,不会纠缠,容易梳理,毛长而厚密,毛质如丝,细密而富有光泽;颈部饰毛长,但肩胛部被毛短;胸部至下腹部被毛略呈波纹状;腹部被毛可以有少量卷曲
10	毛色	海豹色、蓝色、巧克力色、丁香色、红色、奶油色以及玳瑁色
11	色斑	重点色基础上,有或没有山猫纹
12	毛质	毛有光泽,长而厚,可遮挡全身

(8)狸花猫(图1-23)。狸花猫属于自然猫,原产地为中国,是在千百年中经过许多品种的自然淘汰而保留下来的品种。它深受人们喜欢,因为它有非常漂亮的被毛,健康的身体,特别容易喂养,并且对捕捉老鼠十分在行。

狸花猫的性格独立,爱好运动,非常开朗。如果周围的环境出现了改变,它会表现得十分敏感,它对主人的依赖性很高,如果给它换了个主人,它的心理会受到一定伤害。

狸花猫的形体特征如表1-18所示。

图1-23 狸花猫

表1-18 狸花猫的形体特征

序号	部位	特征
1	头部	成年狸花猫的鼻子长而直，头部整体感觉像被修整过的切宝石形（六角形），故脸的长比宽长，耳间有稍突起的半圆形头盖骨，与眼睛的同一水平线的位置面部较宽，自内眼角起面部轮廓突然收缩，伸出鼻，鼻梁端正隆起而直，大小适中，无过宽或无窄表现，鼻头有砖红色、深棕色和黑色
2	眼睛	眼睛呈杏核形，外眼梢略微上吊，眼色以黄、绿、棕为主，其中绿色为上品
3	耳朵	耳朵大小中等或稍偏小，在头部稍中间的位置，两耳间距适中，耳根打开较宽，基本向前方打开，偏向两侧不超过15度。耳朵尖端呈尖的形状，成年雄壮公猫，有时耳尖有一簇明显的长毛
4	下巴	下巴结实，下额强壮，下额短于上额，且下巴平直，无凸起，咬合紧密，胡须直且硬，无弯曲现象，外观无软弱感
5	体形	头与身相连处过渡弧度流畅，颈长约等于鼻长，母猫下额相对不发达，且尖
6	四肢	肌肉发达，粗壮，爪宽而大，四肢较粗壮，肌肉感强，具备灵巧感，爪子呈椭圆形，前爪五指，后爪四趾，爪背从腕端到指尖开始呈淡黄的浅色，腕以上为黑色环状环绕，爪垫为黑色，爪垫缝间毛为黑色，其中以趾甲黑者为上品
7	被毛	被毛短且硬，有健康油亮的光泽，顺贴身体，无蓬松散乱现象，无厚实绒毛。在它的额头处也出现有斑纹，呈"M"状，位于眼角的部位会出现连在一起的延伸线。环形的斑纹会出现在它的颈部、四肢及尾巴上，鱼骨刺斑纹（完整的）或点状纹会出现在它的身躯上。一般情况下，棕色或深棕色的颜色是它被毛的颜色，但是也有白色出现在部分狸花猫的被毛上，也就是白色毛区。狸花猫有非常清楚、明显的斑纹。一般情况下，它的脚垫和掌都是黑颜色的。有了这样的保护色，可以使它在野外捕猎的时候得到掩护
8	毛色	大部分毛色是鲭鱼纹或斑点，和虎皮相似，短而有光泽，顺滑。除腹部、下额的淡黄色毛以外，身上的毛都是一根毛上三种颜色，例如呈现棕色部分的毛，其根部为黑色，中段为浅色，毛尖成棕色；而呈黑色毛部分，其根部为浅色，中段为深棕色，毛尖呈黑色。棕色虎斑为该品种的标准色

开店锦囊

在家庭中,对于狸花猫的喂养问题非常简单。其他的什么都不需要,只要有非常干净的清水与适合它的口粮即可,这就是它过快乐生活的必备条件。

图1-24 布偶猫

(9)布偶猫(图1-24)。布偶猫(拉丁语学名:Ragdoll),发源于美国,又称"布拉多尔猫",是一种杂交品种,是现存体型最大、体重最重的猫之一。

布偶猫全身特别松弛柔软,像软绵绵的布偶一样,性格温顺而恬静,对人非常友善,忍耐性强,对疼痛的忍受性相当强,常被误认为缺乏疼痛感。由于非常能容忍孩子的玩弄,所以得名布偶猫,是非常理想的家庭宠物。它们可以和小孩子、狗及老人和平相处,而且非常喜欢和人类在一起,会在门口迎接主人,跟着主人走来走去。

布偶猫是中长毛猫,它们对温度不太敏感,但也至少要为它们提供适当稳定温度的生存空间,不要太冷或太热。

布偶猫的形体特征如表1-19所示。

表1-19 布偶猫的形体特征

序号	部位	特征
1	头部	呈等边三角形,双耳之间平坦,面颊顺着面形线而成为楔形
2	耳朵	中等大小,微微张开,双耳间距宽阔,耳尖浑圆而向前倾
3	眼睛	明亮,蓝色。双眼间距宽阔,微微向上扬
4	鼻子	中等长度
5	下巴	强壮,并与上唇和鼻子成一条直线
6	四肢	中等长度。后肢较前肢长,前肢的毛较后肢的短
7	体格	身形较大,身体魁梧,身材较长,胸部宽实,臀部肥大,肌肉发达
8	足部	大且圆,并且有丛毛

续表

序号	部位	特征
9	尾巴	长,成万年青枝叶状,覆盖着蓬松的毛发
10	被毛	毛发柔软顺滑,不易打结,面部毛发较短,颈部毛发较长,后肢毛发较前肢长。毛发颜色包括海豹色、蓝色、巧克力色、丁香色、红色、奶油色
11	体重	完全长成的雄性布偶猫体重为5.4～9.1千克(或更重),雌性布偶猫可达3.6～6.8千克(或更重)

 开店锦囊

布偶猫是适合在室内饲养的猫,所以家里的养猫设备最好齐全,例如猫抓板、猫爬架等,这样布偶猫咪就不会到乱窜。

(10)孟买猫(图1-25)。孟买猫(英文学名:Bombay),又称小黑豹,是一个现代品种,在1958年由美国育种学家用缅甸猫(黑韶猫)和美国的黑色短毛猫杂交培育而成。由于其外貌酷似印度豹,故以印度的都市孟买命名。1976年孟买猫曾被爱猫者协会选为冠军。目前这种性情温和、感情丰富、聪明伶俐的宠物猫越来越受到人们的欢迎。

孟买猫个性温驯柔和,稳重好静,然而它不怕生,感情丰富,很喜欢和人亲热,被人搂抱时喉咙会不停地发出满足的呼噜声。另外,孟买猫聪明伶俐,反应灵敏,叫声轻柔,有时略有些顽皮。

孟买猫的形体特征如表1-20所示。

图1-25 孟买猫

表1-20 孟买猫的形体特征

序号	部位	特征
1	头部	呈圆形
2	面部	呈圆形,鼻子短,下额颊发育良好

续表

序号	部位	特征
3	眼睛	呈圆形，为闪亮的古铜色，双眼间距较宽
4	耳朵	大小适中，尖稍呈圆弧形
5	鼻子	鼻长中等稍短，稍凹陷，但不是塌鼻梁，鼻镜为黑色
6	嘴	宽而饱满，近似缅甸猫
7	被毛	毛短，紧贴身体，毛质柔细，质感细致，为发亮的乌黑色
8	躯干	身材适中，肌肉发达
9	四肢	粗壮，强健有力，与身体和尾巴相协调。趾呈圆形，紧凑有力，足掌为黑色。脚爪小，为椭圆形
10	尾巴	长度适中

 开店锦囊

健康孟买猫的眼睛亮而有神，当孟买猫生病或体况不佳时往往出现怕见光、流泪。

六、开店应具备的职业道德

从事一定职业的人在特定的工作中所应遵循的固定行为规范，称为职业道德。职业道德就是保证同行之间公平竞争，保护从业者的共同利益，提高行业整体水平，以及诚信服务、尊重客户的合法权益。职业道德水平是衡量社会精神文明发展程度的重要标志。良好的职业道德规范，有利于行业良性竞争和稳步健康的发展，有利于促进社会生活稳定和经济的发展。

宠物行业属于服务行业，对于创业者来说，开一家宠物美容店应遵循如图1-26所示的职业道德。

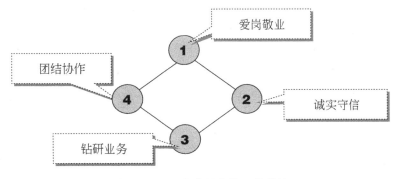

图1-26 开店应具备的职业道德

1. 爱岗敬业

爱岗敬业是职业道德的核心和基础。无论从事哪一项职业，都要爱岗敬业。爱岗和敬业是紧密联系在一起的。爱岗就是干一行，安心本职工作，热爱自己的工作岗位。敬业是爱岗意识的升华，是爱岗情感的表达。它通过对工作的责任心、对技术精益求精的精神，以乐业、勤业、精业的工作态度表现出来。具体如图1-27所示。

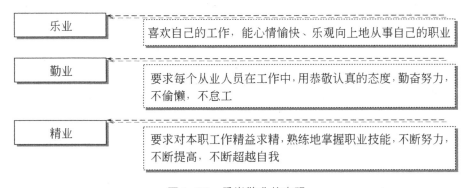

图1-27 爱岗敬业的表现

2. 诚实守信

诚实守信是中华民族的优良传统。对从业者而言，它是"立人之道""修业之本"。因此，从业者在职业生涯中应诚实待人、信守诺言、表里如一、言行一致。表现在业务工作中，就是不偷工减料、不蒙混欺骗、不违背契约，坚信"一滴汗水，一份收获"的朴素的劳动价值观。以诚实的劳动、良好的专业技能、优质的服务来实现自身的劳动价值。

3. 钻研业务

随着科学技术的进步，宠物造型和美容工具及技术不断地更新。因此宠物美容店从业人员必须努力钻研业务，更新知识，及时掌握新的技术知识，提高自己的技术水平，以适应时代发展的需要。

4. 团结协作

现代化的宠物业已逐步摆脱小规模家庭作坊式的经营模式。宠物业作为一个劳动密集型行业，分工也越来越细，每一个从业人员在整项工作中可能只能负责其中一道工序，而每一道工序的质量都会直接影响整项工作。所以只有各工序紧密协作，有着共同的敬业愿望，团结一致，才能做好工作。

 开店锦囊

具备良好的职业道德是对每个从业人员必须的要求。没有良好的职业道德，不可能成为一个合格的从业者，这也是社会发展趋势的必然要求。

第二章 开店前期策划

开家赚钱的宠物美容店——宠物店经营管理从入门到精通

第二章
开店前期策划

导语

前期策划是创业开店的指导思想,要一切从实际出发,不能照本宣科,灵活运用科学合理的操作方法,对店铺进行统筹规划。创业者要想开一家宠物美容店,在前期筹备阶段一定要做好各项策划工作,以保证店铺的正常运营。

一、商圈调查与分析

不同类型的商圈、不同层次的商圈，适合于不同的业态和不同的经营方式。商圈调查的目的是通过商圈范围内顾客、竞争店情况以及可能影响销售的其他情况，来了解消费者的需求，从而提高消费者的满意度，并预测店铺的未来销售额。

1. 商圈的划定

开店选址要考虑的事情很多，如租金、周边环境、客流量等。对门店周围的商圈进行考察，是决定店址的一项比较重要的工作。

商圈从区域上讲，是指门店能够服务顾客的区域范围，以门店所在地为中心，沿着一定的方向，向外延伸到某一距离，并以此距离为半径，形成不同层次吸引顾客的区域。可以说任何一家门店都有自己的特定商圈，根据周边小区、客流量密度来进行划分，可以将商圈分为如图2-1所示的两个层次。

1千米以内的周边是宠物美容店主要宣传的商业区，当这个范围内的人有消费需求的时候，第一个会想到的是自己的宠物美容店，而超过1千米的顾客会遵循就近的原则而选择其他宠物美容店

1～2千米的范围内为次商业区，宠物美容店可以通过良好的服务吸引这个商业圈的顾客前来消费，如果距离再远，顾客是很难到宠物美容店来消费的

图2-1　商圈的层次

由图2-1可以看出，主商圈是门店吸纳顾客的主要场所，也是门店促销与经营的重点区域。

 开店锦囊

商圈很重要，宠物美容店应尽量避开商业街，因为商业街的房租价格更贵，性价比低。应该选择小区底商，性价更高，同样的钱可以租用更多的面积。

2.商圈调查

通过商圈调查获得必要的信息是做好店铺市场营销工作的前提。商圈调查的两个主要对象如图2-2所示。

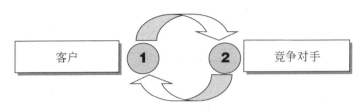

图2-2 商圈调查的主要对象

（1）对客户的调查。解决客户的问题，满足他们的需要，他们就会带给你更多营业额和利润，你的店铺就会成功——这是店铺经营最根本的出发点。经营者应改变经营思路，从怎么赚钱到我能帮助客户解决什么问题？

了解客户的详细信息，有助于进一步判断你的店铺构思是否可行，为制订营销计划提供可靠依据。

收集客户的信息需依靠市场调查，可采取如图2-3所示的方法。

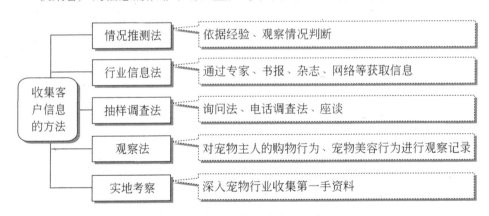

图2-3 收集客户信息的方法

（2）竞争对手的调查。你的店铺将与竞争对手争夺客户。只有了解其优势、特点和不足，你才能做到知己知彼，百战百胜。才能够明确自己在同行业中的位置，正确地确定本店的发展方向与目标。

需要了解竞争对手的产品或服务，主要包括以下内容。

◆ 价格怎样？
◆ 质量如何？

- ◆ 如何推销？
- ◆ 有什么样的额外服务？做广告吗？
- ◆ 如何分销产品或者服务？
- ◆ 其员工受过训练吗？待遇如何？
- ◆ 他们的优势和劣势各是什么？

除了以上内容外，还要了解竞争对手的社会背景、生活方式、经济状况、人品、管理能力等。

创业者可通过如图2-4所示的途径来了解竞争对手。

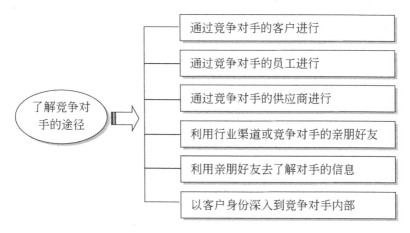

图2-4 了解竞争对手的途径

3. 商圈分析

对于一个宠物美容店来说，其商圈的范围与你所在城市的规模、居民生活质量，以及店铺的规模、档次、服务内容、经营策略、宣传力度都是有关系的。一般来说，影响商圈范围的原因如图2-5所示。

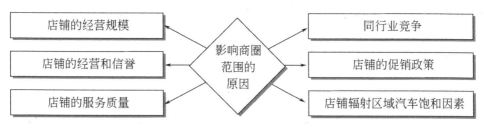

图2-5 影响商圈范围的原因

（1）店铺的经营规模。店铺的经营规模越大，其市场辐射力就越强，越有利于扩大商圈。因为店铺的经营规模大，可以为顾客提供更多的服务。规模体现的是一种实力，规模也会让消费者增加消费的信心。实力就是最好的广告。

（2）店铺的经营和信誉。一个经验水平高、信誉度好的门店，由于具有较高的知名度和可信度，可以吸引许多慕名而来的顾客，因而可以扩大自己店铺的辐射能力。

（3）店铺的服务质量。一个门店的服务质量是非常重要的。一是要求产品的品牌和品质能让顾客感受到效果。二是在给产品定价前要首先考察周边同行业品牌产品的价格。

（4）同行业竞争。竞争对手的位置对商圈大小也有影响，如果两家存在竞争关系的店铺相距一段距离，而潜在客户又居住在这两家店的中间，则这两家店的商圈都会受影响而缩小；相反，如果同业店铺相临而设，顾客会因为有更多的选择机会而来，这样商圈还会因为竞争而变大。

（5）店铺的促销政策。商圈规模可以通过广告宣传、推销方式和公共关系等各种促销手段赢得顾客，例如优惠酬宾、礼品券、各种顾客会员俱乐部等方式都可能扩大商圈。

（6）店铺辐射区域汽车饱和因素。门店所处区域外部环境的人口密集程度、收入水平、职业构成、年龄结构、生活水平、消费水平等，对店铺商圈的形成具有决定性意义。

 开店锦囊

上述分析结果可以让创业者在开店选址时选择最合适的店铺，以及让店铺后期的运营能够顺利进行。

由于每个地域消费人群和消费习惯的不同，对产品的需求也不同。如果不慎重调查当地市场的行情，就有可能导致经营和销售策略有所偏差，让宠物美容店蒙受损失。所以创业者要做好市场的调查分析，而不是照搬别人的经验。在经营宠物美容店时，根据当地市场的实际情况，结合经济发展实施做出调整，保证满足不同消费阶层的需求。

相关链接

开店前，如何做市场调查

开宠物美容店不能贸然，做好市场调查是很有必要的，很多人在开宠物美容店的时候因为不知道怎么进行市场调查而忽略了这个问题，导致开店之后面临着各种问题，给自己的宠物美容店带来了极大地经营难题。那么，我们现在开宠物美容店前如何做好市场调查呢？

1. 居民的收入和消费水平

居民的收入和消费水平决定着居民有没有到宠物美容店消费的需求和能力，如果小区附近的居民普遍收入低，消费档次不高，这样的小区则不适合开宠物美容店。根据居民的消费档次，投资者需要考虑宠物美容店的定位。

2. 附近小区基本情况

宠物美容店附近必不可少的因素就是人口，人口越多的地方越适合开宠物美容店，当然宠物的数量也一定要多，宠物美容店的选址一定要选在附近小区多、人口流量大、年轻人比例高、消费能力强的地方。

3. 交通情况

交通也是市场考察的一个重要因素。交通发达，来往人群多，顾客也很容易到达宠物美容店。交通不发达，给周围的顾客造成拥堵，自然也会影响宠物美容店的生意。宠物美容店最好开在交通方便的地方，最好在双行道上，以免造成拥堵。

4. 周围竞争情况

竞争对手是市场调查的重中之重，周围有多少家宠物美容店、价格多少、成功与否，都要详细了解到，综合考量后再决定能不能开店，开什么档次的店，以及未来预计利润会有多少。

二、明确市场定位

市场定位是指经营者根据竞争者现状，针对顾客需求，为所经营商品塑造与众不同的、令人印象鲜明的形象，并将这种形象生动地传递给顾客，从而使自己在市场上占据适当的位置，引来更多的顾客。

1.市场定位的步骤

市场定位的关键是要设法在自己的商品上找出比竞争者更具优势的特性。竞争优势一般分为两种：一是价格优势，就是在同样的条件下比竞争者定出更低的价格，这就要求经营者采取一切努力来降低单位成本；二是偏好优势，即能提供确定的特色来满足顾客的特定偏好，这就要求经营者在商品特色上下功夫，宠物美容店市场定位的全过程可以通过如图2-6所示的三个步骤来完成。

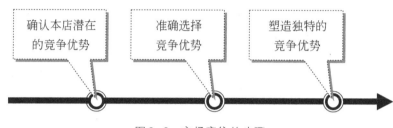

图2-6 市场定位的步骤

（1）确认本店潜在的竞争优势。创业者可从如图2-7所示的几个方面来分析目标市场的现状，从而确认本宠物美容店潜在的竞争优势。

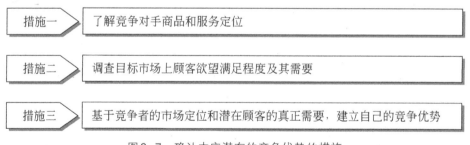

图2-7 确认本店潜在的竞争优势的措施

（2）准确选择竞争优势。准确选择竞争优势，才能对目标市场初步定位。竞争优势体现经营者能够胜过竞争对手的能力。选择竞争优势实际上就是宠物美容店经营者与竞争者各方面实力相比较的过程。要分析、比较宠物美容店与竞争者在如图2-8所示的几个方面究竟哪些是强项、哪些是弱项，借此选出最合适本宠物美容店的优势项目，以初步确定宠物美容店在目标市场上所处的位置。

（3）塑造独特的竞争优势。经营者要通过一系列的宣传促销活动，将自己独特的竞争优势准确传播给潜在顾客，并在顾客心目中留下深刻印象。其具体措施如图2-9所示。

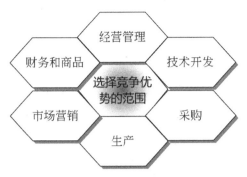

图2-8 选择竞争优势的范围

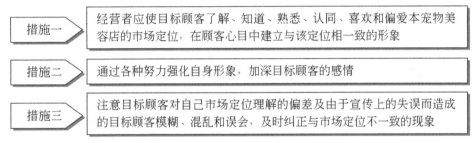

图2-9 塑造独特的竞争优势的措施

2.市场定位的方法

宠物美容店定位的成功,就是树立宠物美容店在顾客心目中的形象,这是无形的价值。那么在开店前,到底要如何进行市场定位呢?可从如图2-10所示的几个方面来考虑。

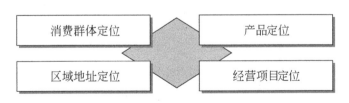

图2-10 市场定位的方法

(1)消费群体定位。宠物美容店要进行市场定位,就要了解目标消费人群是谁,目标消费者是一群什么样的人,他们对宠物的消费需求、消费行为、消费心理是怎样的,他们的价值观与宠物美容店业务的关联度等。

开店锦囊

宠物美容店只有首先界定目标消费群体，了解他们的特点和需求，才能够实现宠物业务与消费需求的准确对接，从而推动宠物美容店的发展。

（2）区域地址定位。开宠物美容店要做好店铺地址定位，创业者在选择宠物美容店地址的时候，要明白宠物美容店主要针对哪些消费群体。做好消费者的定位，在选择宠物美容店位置的时候，也就有了一定的标准。

（3）产品定位。因为宠物美容店消费人群的消费能力和消费意识的不同，所以在给宠物美容店进行产品定位的时候，一定要了解宠物美容店周边人们的消费能力和消费意识。另外，还要了解产品的利润以及宠物美容店的投入成本。

（4）经营项目定位。能让宠物美容店持续盈利的项目才是最适合的项目。

以宠物医疗这个项目为例，宠物医疗是很赚钱的，但是很多地方的宠物医疗项目，人们消费的频率并不高，而且宠物医疗项目的风险也大。因此，宠物美容店在选择经营项目时候要注意符合人们的消费频率，这样宠物美容店才可以赚钱。

三、确定经营项目

人们满足日常的生活需要衣、食、住、行、用，宠物也有生活的各个方面衣、食、住、行、用，经营者可根据市场的不同，从不同层次、多角度来考虑宠物美容店的经营项目。

相关链接

宠物美容店的主要盈利方式

1.宠物交易

宠物交易作为宠物美容店最基础的盈利方式，从刚开始的平民化开始向多样化和高端化方向发展。随着人们消费能力的不断提高，宠物美容店的宠物也大多是来自世界各地的名贵品种，而这与宠物的市场价值也是有关的。名贵宠物大多来自国外，一般人很难获取，所以能够找到合适的宠物商渠道将能够保留客观的利润空间。

2. 宠物寄养

人们由于工作或生活等其他原因无法保证对宠物全天候的照顾，宠物往往生活自理能力有限，这就打造了宠物寄养的市场。宠物寄养可以分为常规性和特殊性两种，常规性寄养一般是指人们由于上班原因将宠物以天为单位寄养在宠物美容店，早上将宠物交给宠物美容店，期间宠物美容店需要提供宠物的饮食和日常护理，晚上再由主人带回家，这样的寄养方式一般有简易性、规律性、稳定性的特点，价格也不是很高，大概在每天二三十元不等，是一种比较稳定的盈利方式。特殊性寄养一般是指由于主人有事需要离开一段时间而将宠物全天候地寄养在宠物美容店，比如主人旅游度假、出差等原因，而此时宠物美容店除了需要提供宠物的饮食以外，还要照顾宠物的日常活动，保证宠物的卫生健康等。这种寄养方式具有临时性、突发性、繁复性的特点，当然这类寄养的收费也是要高一些的，一般为每天50～100元，可以在短时间内赚到一笔不菲的寄养费。

3. 宠物用品

对于宠物主人来说，宠物就像他们的孩子一样，一日三餐自然是少不了的，还有各种各样的宠物玩具也应运而生。以狗粮为例，从十几元到几百元价格不等，因为狗种不同，其需要的狗粮数量也是不一样的。但无疑宠物食品是一笔不算小的开销，特别是一些名贵宠物所吃的食品大多是进口，更是价格不菲。抓住宠物主人的高消费水平和对宠物的溺爱心理，自然宠物用品的利润空间也是很有保障的，单纯地卖宠物用品一般可以保证30%以上的利润率，当然你也可以降低利润率来吸引客户，以带动店内其他服务的消费。

4. 宠物培训

人们养宠物的一个重要原因就是休闲娱乐，他们希望宠物可以在主人下班的时候在家等自己，在主人烦恼的时候听自己倾诉，在主人无聊的时候陪自己逗乐，更多的时候还想开发一下宠物的潜力。为了更好地与宠物交流，人们希望自己的宠物能够更加乖巧、更加机智、多才多艺，这也催生了宠物培训。宠物培训一般包括基本的生活习惯培训，比如上洗手间；与人互动的培训，比如理解口令；独特技能的培训，比如后空翻等。当然，随着培训难度的增加，培训的费用也从几百元增长到几千元，甚至上万元，而很多宠物主人也是愿意为宠物"一掷千金"的。

5. 宠物美容

也许你还记得电影《剪刀手爱德华》中爱德华给宠物做造型的情景，现在这已经不再是电影中的桥段了，宠物美容已经开始走入寻常百姓家，越来越多的宠物主人希望把自己的宠物打扮得美美的，或者是独具个性的，比如说，将宠物狗打扮成熊猫的样子。当然，这不是每个人都能做到的，这就需要宠物美容师的帮忙了，别小看简单的宠物造型，不但难度大而且收费高，一般的宠物毛发修剪动辄也要几百元。

目前，宠物美容已经发展到包括修剪趾甲、洁耳、洗眼、刷牙、药浴、解毛结、洗浴修剪、美容套装、品种犬美容造型师和比赛犬美容造型等多个方面。

6. 宠物医院

宠物是个生命体，生老病死当然也是不可避免的，那么宠物生病了该怎么办呢？一般的医院当然是治不了的，这就需要去专门的宠物医院。因为宠物的种类繁多，而专业的宠物医生又比较缺乏，物种细分治疗的宠物医生更是少之又少，这就使得宠物医疗的费用持续走高。在国内，一些名贵宠物的医疗费用已经高达数万元。

7. 宠物保险

随着人们对宠物的溺爱持续升温和宠物高昂的医疗费用，给宠物买一份保险已经成为不少爱宠人士的选择，日均几角钱的投保金额和高达百万元的保险赔偿金也将使宠物保险得到不断推广。当然，宠物美容店一般不会独立地开发宠物保险业务，可以与当地的保险公司合作，取得保险公司的部分代理权，收取保费的部分回扣。虽然不能带来大的盈利空间，但是能够为人们提供"一站式"服务也将有利于店铺的整体发展。

8. 宠物护理

宠物怀孕时最难照料，许多宠物主人会因为自己的宠物有了身孕而无所适从，这时，宠物美容店的专业人员可以提供一流的产前产后服务，不仅可以保证"产妇"的营养，还可以帮助"产妇"顺利生产，并对"新生宝宝"进行无微不至的照料。

9. 宠物摄影

宠物摄影是现在一个很时尚的宠物项目，有宠物生活摄影、宠物纪念摄影和宠物婚纱摄影等。你可以以居家照相室或者宠物美容店为基础，或者将所有这些联合起来提供全套服务，通过专业的化妆、造型设计和摄影，可以给宠物们留下不同时期的靓影。

第三章 选择经营模式

开家赚钱的宠物美容店
——宠物店经营管理从入门到精通

第三章
选择经营模式

导语

资深人士认为，若所开设的店面，与创业者过去工作经验有关，创业者曾担任经营管理职务，可考虑独立开店。但若无经验，选择合适的加盟体系，从中学习管理技巧，也不失为降低经营风险的好方法。

一、个人全资经营

个人全资经营是指由一个自然人投资，全部资产为投资人所有的营利性经济组织。其典型特征是个人出资、个人经营、个人自负盈亏和个人承担风险。

1. 个人全资经营的特征

个人全资经营具有如表3-1所示的特征。

表3-1　个人全资经营的特征

序号	特征	具体说明
1	投资主体方面的特征	个人独资企业仅由一个自然人投资设立。这是独资企业在投资主体上与合伙企业和公司的区别所在。我国合伙企业法规定的普通合伙企业的投资人尽管也是自然人，但人数为两人以上；公司的股东通常为两人以上，而且投资人不仅包括自然人，还包括法人和非法人组织。当然，在一人有限责任公司的场合，出资人也只有一个人
2	企业财产方面的特征	个人独资企业的全部财产为投资人个人所有，投资人（也称业主）是企业财产（包括企业成立时投入的初始出资财产与企业存续期间积累的财产）的唯一所有者。基于此，投资人对企业的经营与管理事物享有绝对的控制与支配权，不受任何其他人的干预。个人独资企业就财产方面的性质而言，属于私人财产所有权的客体
3	责任承担方面的特征	个人独资企业的投资人以其个人财产对企业债务承担无限责任。这是在责任形态方面独资企业与公司（包括一人有限责任公司）的本质区别。所谓投资人以其个人财产对企业债务承担无限责任，包括三层意思 （1）企业的债务全部由投资人承担 （2）投资人承担企业债务的责任范围不限于出资，其责任财产包括独资企业中的全部财产和其他个人财产 （3）投资人对企业的债权人直接负责。换言之，无论是企业经营期间还是企业因各种原因而解散时，对经营中所产生的债务如不能以企业财产清偿，则投资人须以其个人所有的其他财产清偿
4	主体资格方面的特征	个人独资企业不具有法人资格。尽管独资企业有自己的名称或商号，并以企业名义从事经营行为和参加诉讼活动，但它不具有独立的法人地位 （1）独资企业本身不是财产所有权的主体，不享有独立的财产权利 （2）独资企业不承担独立责任，而是由投资人承担无限责任

开店锦囊

个人独资企业不具有法人资格,但属于独立的法律主体,其性质属于非法人组织,享有相应的权利能力和行为能力,能够以自己的名义进行法律行为。

2. 个人全资经营的优点

由个人全资拥有,投资人对宠物美容店的任何事务具有绝对决策权,同时也需要承担无限责任。一般而言,个人全资经营宠物美容店有三个优点,具体如图3-1所示。

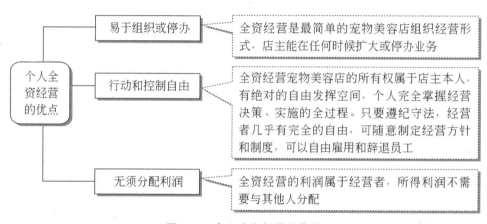

图3-1 个人全资经营的优点

3. 个人全资经营的缺点

个人全资经营宠物美容店有优点就会有缺点,具体如图3-2所示。

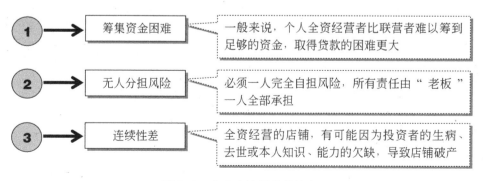

图3-2 个人全资经营的缺点

二、合伙经营

合伙经营是由两个以上合伙人订立合伙协议，共同出资，共享收益，共担风险，按照协议，各自提供资金、实物、技术等，共同劳动的经营方式。

1. 合伙经营的优点

合伙经营具有如图3-3所示的优点。

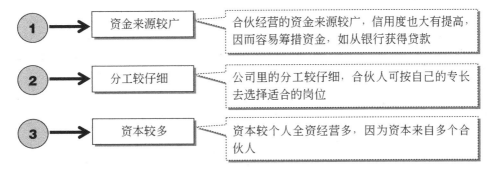

图3-3　合伙经营的优点

2. 合伙经营的缺点

合伙经营的缺点如图3-4所示。

图3-4　合伙经营的缺点

3. 合伙经营的注意事项

采取合伙经营时，创业者要注意如图3-5所示的事项。

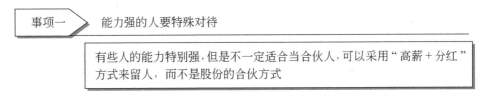

图3-5

| 事项二 | 彼此建立良好沟通关系 |

在合作过程中最忌讳的是互相猜忌、打小算盘,这样的合作肯定不会长久。出现问题要本着真诚、互信、公平态度来解决

| 事项三 | 处理冲突时做最坏的打算 |

合伙人出现分歧,做好最坏的打算,心中有底,处理问题时就会以比较平和的心态、理性地去面对,让事情得到圆满解决

| 事项四 | 避免各方亲友在公司里上班 |

在公司里最好不要有各方的亲戚或朋友,那样会造成一些公私不分,闲言碎语,家事与公事及感情纠缠的麻烦,会动摇合伙人之间的合作基础

图3-5 合伙经营注意事项

相关链接

如何处理合伙分红争议

如果合伙人之间因为分红起争议,可采取以下的方法来处理。

1. 法律依据

根据《中华人民共和国民法通则》及《最高人民法院关于贯彻执行〈中华人民共和国民法通则〉若干问题的意见》相关条文调整。合伙人应当对出资数额、盈余分配、债务承担、入伙、退伙、合伙终止等事项,订立书面协议。当事人之间没有书面合伙协议,但具备合伙的其他条件,有两个以上无利害关系人证明的口头合伙协议或者有其他证据证明的,可以认定为合伙关系。

2. 利益分配

个人合伙利润的分配,可以是平均分配,也可以按出资比例分配,双方可以自主协商确定。比如各自提供资金、实物、技术等,合伙经营、共同劳动,可以撇开工资不谈,商定一个分配的比例,如"三七分",则5000元利润,你可以分得1500元,对方分得剩下的3500元。但如果合伙前没有达成协议,那就好比游戏前没有制定游戏规则,这游戏就很难"玩下去"。

3. 法律规定

如果宠物美容店经工商行政管理部门登记为合伙企业，则权利义务适用《中华人民共和国合伙企业法》的规定。《中华人民共和国合伙企业法》第三十三条规定："合伙企业的利润分配、亏损分担，按照合伙协议的约定办理；合伙协议未约定或者约定不明确的，由合伙人协商决定；协商不成的，由合伙人按照实缴出资比例分配、分担；无法确定出资比例的，由合伙人平均分配、分担"。

4. 合伙或债权关系

如果宠物美容店经工商行政管理部门登记为个体工商户，则营业执照上的经营者是谁，可以说宠物美容店就是谁的。如果经营者的姓名为对方，且对方把你的出资当作借款，则你与对方只有债权债务关系，宠物美容店的经营与你没关系，而且还承担经营风险，因此是最需要提防的。

三、加盟连锁经营

加盟连锁是赚钱比较快的模式。因为宠物市场是一个处于上升期的市场，众多的投资者正准备进入这一行业，存在这种"赚钱快"的机遇也就是赚市场准入的钱。

1. 加盟连锁的形式

目前连锁经营包括直营连锁、特许经营两种形式，具体如图3-6所示。

直营连锁

指连锁公司的店铺均由公司总部全资或控股开设，在总部的直接领导下统一经营。总部对店铺实施人、财、物及商流、物流、信息流等方面的统一管理。直营连锁作为大资本运作，具有连锁组织集中管理、分散销售的特点，充分发挥了规模效应

特许经营

指特许者将自己所拥有的商标、商号、产品、专利和专有技术、经营模式等以特许经营合同的形式授予被特许者使用，被特许者按合同规定，在特许者统一的专业模式下从事经营活动，并向特许者支付相应的费用。由于特许企业的存在形式具有连锁经营统一形象、统一管理等基本特征，因此被称为特许连锁

图3-6 加盟连锁的两种形式

2.加盟品牌的选择

创业加盟选择品牌很重要,首先选择的品牌要被大家认知,而且有知名度,当然做宠物美容加盟的话专业技能一定要到位,这样自然就会有客源,那么我们应如何来挑选品牌呢? 方法如图3-7所示。

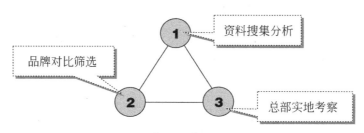

图3-7　加盟品牌的选择要领

(1)资料搜集分析。对于投资者而言,仅有激情与梦想是远远不够的,还要练就"火眼金睛"的本领,谨防加盟的种种陷阱。首先了解自己将要加盟的宠物连锁店品牌,然后通过多种渠道搜集相关的品牌信誉度与该品牌运营公司的信誉度。

比如,在品牌加盟网站浏览网友评论,在已加盟该品牌的商家处进行市场调研,都是不错的方法。

(2)品牌对比筛选。一些宠物美容店加盟品牌虽然在总部当地或者其他个别省份较成功,但如果进入一个新的地域,可能就会出现一段"水土不服"时期,投资者应避免选择一些名不见经传的小品牌。

 开店锦囊

专业的宠物美容连锁机构,应有经过严格训练的专业化队伍,配以标准化的施工流程和专业化的服务,才能充分显示品牌形象,确保客户安心接受服务。

(3)总部实地考察。开宠物加盟店的朋友还应谨记市场运营有风险,一定要实地调查研究,把加盟商提供的加盟方案与自己的现实情况结合起来,做到拥有自己特色的加盟方式。

另外,需要了解该品牌的宣传力度,了解该品牌的市场走向以及相关产品的报价,做到心中有数,实时关注项目的相关资讯。

比如，宠物美容行业因为其市场运作特性，相对适合品牌加盟代理这种运作模式，借此迅速扩大品牌形象，开拓市场区域，对品牌总店以及加盟者而言属于双赢的运营模式。

3.加盟的流程

宠物美容店加盟招商一般都有一定的流程。综合宠物行业最新信息，加盟的一般流程如图3-8所示。

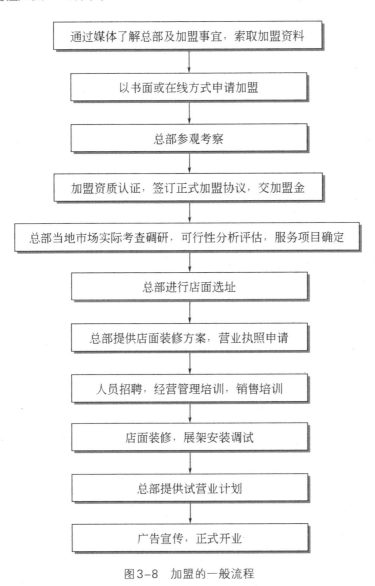

图3-8 加盟的一般流程

当然，不同的连锁品牌，其加盟的流程也不一样，比如，圣宠宠物加盟流程如图3-9所示。

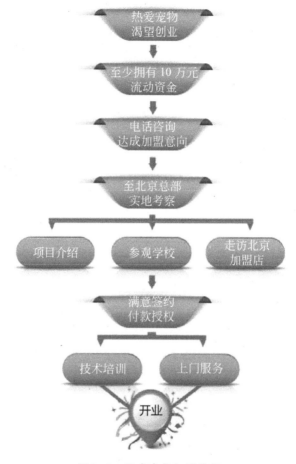

图3-9　圣宠宠物加盟流程

对于加盟店经营者来说，流程的前期阶段非常重要，包括电话咨询、索取资料、加盟洽谈、协议讨论等。在这些过程中，加盟者除了清楚自己所处地位、权利和义务，确定是否有巨大商机外，还必须明确特许店的以下方面。

（1）是否有政策优势。

（2）服务项目怎样，是否有新、特、齐、高等品质特色。

（3）技术力量是否雄厚。

（4）是否有投资、供货优势。

（5）成本效益怎样，是否有效地降低了投资风险。

（6）品牌优势怎样，在业内是否有极高商誉和影响力。

（7）经营管理是否科学。

（8）关于品牌、服务、竞争力、风险等有何承诺。

4.加盟前期考察事项

如何选择一家优良的加盟商，是投资者成功的关键，投资者必须把握好这一关。作为宠物美容店经营者，在加盟宠物连锁店前，要做好考察事项，具体如表3-2所示。

表3-2　加盟前期考察事项

序号	事项类别	具体内容
1	特许经营资质	向连锁经营的宠物美容公司索要并审查其备案资料，以防上当受骗
2	评估品牌知名度	选择知名度高、品牌形象好的连锁经营公司，这是创业成功的必要条件
3	考察其发展历史	一般来说，应选择较长历史的连锁经营公司，因为公司发展越成熟，承担的风险就越会降低。不过，这也不是一个绝对的参照标准
4	已运营直营店、加盟店	在选择良好的连锁经营的公司时，应充分了解其直营店和加盟店的经营状况是否良好、有无稳定营业利润、利润前景及是否具有后续性等
5	经营管理组织结构体系	优良的连锁经营公司应有组织合理、职能清晰、科学高效的经营管理组织，使各连锁店能高效运转，如是否具有健全的财务管理系统、完善的人力资源管理体系、整体营运管理与督导体系等
6	提供开业全面支持	一般来说，连锁经营公司提供的开业全面支持应包括以下内容：地区市场商圈选择；人员配备与招募；开业前培训；开业准备
7	加盟契约、手册	加盟者可从"加盟契约、手册"资料中了解连锁经营公司的公平性、合理性、合法性、费用承受性、地域性限制、时效性、可操作性等方面的内容，决定是否选择加盟
8	加盟店成功率	一个成熟的加盟系统需要经验的长期积累和管理系统的不断完善，在正常经营的情况下，关店的情况并不多
9	加盟费用是否合理	考察加盟费用是否合理，最重要的是要看投资回报率。可以参照其他加盟店的回报率，如果觉得此系统加盟店的回报率达到自己的要求，那么加盟费用就基本是合理的

相关链接

识别特许加盟陷阱

1. 总部至少成立3年以上

总部至少成立一段时间之后，各项工作、营运模式才能建立。如果还在试验期间将不成熟的加盟模式推出，受害的一定是加盟者，若一切尚未文字化、标准化、系统化，则无法将所有技巧、精华、经验传承给加盟者。如果总部本身管理机制尚不健全，则没有能力支持加盟者，更不必谈控制力和推动力了。

2. 来者不拒者一定有诈

如果特许人心存不良，一心只是想赚钱，不管加盟店成败，只是把加盟当作一种工具或手段。若表现出来者不拒，没有明确的资格标准，没有商圈评估报告，没有投资报酬分析，没有书面记录，不必参加教育培训，那么，须十分注意：这是非常典型的加盟陷阱！

3. 不要过于相信招商广告

一般而言，历史悠久，有相当发展基础的特许企业，都有很完善的制度，选择加盟者也很严格，不会随便接受不合格的加盟者。

但有不少投机分子，利用投资者对行业情况不了解，往往鼓其如簧之舌，夸大特许经营的利润高、收成大、见效快，来吸引加盟者，使不少不了解内情的人士"掉入"陷阱中，损失惨重。在选择特许人时，一定要小心谨慎，千万不要轻信传言及一些不实的招商广告。

4. 小心发展太快的特许企业

一家特许经营企业如果在成立之初，根基尚未扎稳，便突然膨胀，大肆炒作，四处招商，希望在一时之间建成一个遍布全国的经营网络。加入这样的特许体系，加盟者恐怕是"凶多吉少"。

总之，加盟前必须了解清楚该品牌的实力、能够提供的帮助、企业与产品的知名度、加盟条件与费用等。就算是选好的连锁品牌，在签约时也必须把合同看清楚，了解透彻了方可签字。否则日后出了问题，就又免不了一些无谓的争执。

5.签订加盟合同注意事项

加盟者在签订加盟合同之前,一定要深入了解合同内容,以确保自身权益。不要以为加盟合同都是总部制式的范本不可修改。其实合同应是通过双方彼此协议之后做成的。换句话说,加盟者不仅要看清内容,更有权利要求修改内容。在签订加盟合同时需要注意的事项,具体如图3-10所示。

图3-10 签订加盟合同注意事项

(1)查看相关手续。所谓加盟,就是总部将品牌授权给加盟店使用,换句话说,总部必须要先拥有这个品牌,才能授权给加盟店。加盟者在加盟前,务必要先确认总部的确拥有此品牌,才能放心加盟。

(2)了解加盟费用。一般而言,总部会向加盟者收取三种费用,分别是加盟金、权利金及保证金。具体如图3-11所示。

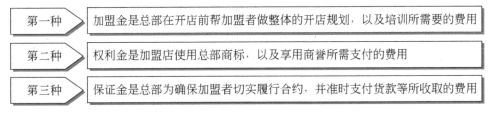

图3-11 加盟费用的种类

 开店锦囊

　　权利金是一种持续性的收费,只要加盟店持续使用总部的商标,就必须定期交费。支付期限可能是一年一次,也可能是按季或是按月支付。

(3)商圈保障问题。通常加盟总部为确保加盟店的营运利益,都会设有商圈保障,也就是在某个商圈之内不再开设第二家分店。因此,加盟者对保障商圈范围有多大，必须十分清楚。

（4）竞业禁止条款。所谓竞业禁止，就是总部为保护经营技术及智慧财产，不因开放加盟而外流，要求加盟者在合约存续期间，或结束后一定时间内，不得加盟与原加盟店相同行业的规定。

（5）管理规章问题。一般的加盟合约内容少则十几条，多则上百条，不过通常都会有这样一条规定，"本合约未尽事宜，悉依总部管理规章办理"。如果加盟者遇到这样的情形，最好要求总部将管理规章附在合约后面，成为合约附件。

开店锦囊

管理规章是由总部制定的，总部可以将合约中未载明事项全部纳入其管理规章之中，随时修改，到时候加盟者就只好任由总部摆布。

（6）关于违约罚则。由于加盟合约是由总部所拟定的，所以会对总部较为有利。在违反合约的罚则上，通常只会列出针对加盟者的部分，而对总部违反合约部分则只字未提。加盟者对此可提出相应要求，明定总部违约时的罚则条文，尤其是关于总部应提供的服务项目及后勤支援方面，应要求总部切实达成。

（7）关于纠纷处理。一般的加盟合约上都会明列管辖的法院，而且通常是以总部所在地的地方法院为管辖法院，为的是万一将来必要时，总部人员来往附近法院比较方便。

曾有某加盟总部在合约中规定，加盟者欲向法院提出诉讼前，需先经过总部的调解委员会调解，遇此状况时，应先了解调解委员会的组成成员为哪些人？如果全是总部的人员，那么调解的结果当然会偏袒总部，而不利于加盟者。碍于合约，加盟者又无法忽略调解委员会，而直接向法院诉讼，因此加盟者在遇到类似的条款时，应要求删除。

（8）合约终止处理。当合约终止时，对加盟者而言，最重要的就是要取回保证金。此时，总部会检视加盟者是否有违反合约或是积欠货款，同时，总部可能会要求加盟者自行将招牌拆下，如果一切顺利且无积欠货款，总部即退还保证金。但若是发生争议时，是否要拆卸招牌往往成为双方角力的重点。某些总部甚至会自行雇工拆卸招牌，加盟者遇此情况，需视招牌原先是由谁出资而定。若由加盟者出资的话，那么招牌的所有权就应归加盟者所有，总部虽然拥有商标所有权,但不能擅自拆除。若真想拆,必须通过法院强制执行,如果总部自行拆除,即触犯了毁损罪。

(9)双方各执一份。曾经有某宠物用品加盟连锁公司与加盟者签约之后,总部留两份合约,并未留一份给加盟者,后来被一状告到公平交易委员会才改正。所以加盟者一定要切记自己保留一份,才能清楚了解合约内容,确保自身权益。

相关链接

宠物连锁店品牌介绍

1. 大嘴狗

大嘴狗企业成立于2009年,是一家与新加坡企业合资创办的宠物品牌运营公司,总部位于安徽省合肥市。大嘴狗是专注于宠物医疗服务、医疗美容技术培训以及宠物食品研发的企业,全面负责大嘴狗宠物医院、大嘴狗是美容零食店的品牌推广和管理。

目前业务范围涵盖宠物健康、宠物零食、宠物美容、宠物用品销售、宠物摄影、宠物犬销售、互联网服务等领域。

2. 寻宠记

寻宠记是经营宠物自制零食、宠物摄影、宠物美容和宠物杂志及游戏等,以品牌自制宠物食品销售带动宠物美容、宠物摄影的整体发展,长久发展致力于寻宠启示、宠物用品、宠物医疗及美容上门服务的专业性互联网服务体系。

寻宠记食品配方健康,分为标准配方及专业配方,现做现卖,不含防腐剂,制作工艺简单,品种丰富,可根据宠物的种类、年龄段、生长需求等不同因素定制配方。

3. 宝宝贝贝宠物

宝宝贝贝宠物连锁店,是众多小规模的、分散

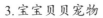

的、经营同类商品和服务的零售店，在总部的组织领导下，采取共同经营方针、一致的营销行动，实行集中采购和分散销售的有机结合，通过规范化的经营，实现规模经济效益。

连锁店具有经营理念、企业识别系统及经营商标、商品和服务、经营管理四个方面的一致性，在此前提下形成专业管理及集中规划的经营组织网络，利用协同效应的原理，形成较强的市场竞争能力，促进企业的快速发展。

4. 派多格

派多格科技发展有限公司创立于北京，致力于中国宠物行业的开拓与发展，历经多年努力，在国内已经拥有了多家宠物连锁店，拥有国内宠物美容培训基地——派多格宠物技术中心和O2O线上线下相结合的庞大的宠物用品（服务）销售体系，业务覆盖宠物美容店连锁加盟、宠物用品销售、宠物活体销售、宠物美容服务、宠物训导、宠物繁育等环节。

公司拥有派多格、麦顿、美狗岛、淘狗网等知名品牌，成为中国宠物行业中最具规模和影响力的多元化及全产业链企业之一。

5. 贵宾之家

广州贵宾之家企业管理咨询顾问有限公司（简称贵宾之家）——专注纯种犬文化传播，着眼于国际最新宠物美容潮流，定位高端，是国内非常专业的宠物美容连锁品牌。

自2000年起，贵宾之家顺应国际宠物经济发展趋势，洞悉国内宠物经济的方兴未艾，伴随着宠物美容概念进入中国市场，率先在中国开展纯种犬文化的传播，开通国内首家单犬种网站，在FCI世界畜犬联盟认可的CKU中国犬业俱乐部注册橘子犬舍（后改为玖玖犬舍），斥巨资大量引进韩国和中国台湾的成年犬只，繁殖纯种幼犬，并师从国际名师学习展示级别的美容/造型修剪，开设贵宾之家宠物美容会所，成为国内首家纯种犬文化传播机构。

6. 牧和邻

北京牧和邻国际宠物连锁加盟机构以"倡导宠物文化、推动宠业发展、共建和谐社会"为经营方针，是宠物美护的专家、宠物寄养的乐园、主人养护的帮手。目前，牧和邻已发展成为集宠物用品、宠物洗澡美容、宠物寄养、宠物"婚配"、宠物训练、宠物航空托运、宠物美容师培训等于一体的宠物服务。

牧和邻以人性化、亲情化的服务方式，让宠物与人类相处更融洽、更和谐、更亲近，大力推动中国宠物事业快速发展。

7. 圣宠宠物

圣宠宠物隶属于北京旺时代宠物用品有限公司，旗下拥有注册商标：圣宠（圣宠宠物连锁、圣宠宠物美容培训学校）、哈皮狗（宠物用品商城、线上线下O2O一体化服务）、FAVOR（产品系列）。涵盖线下实体连锁店铺、专业技术培训支持体系、线上商城线下店铺O2O一体化及产品渠道延伸的多元化宠物品牌机构。

"责任、细节、专业"是企业文化，"爱它、宠它、家"是圣宠终端店铺理念，专业化、品牌化、连锁化是发展方向。

8. 巴米哥

巴米哥，北标宠物连锁有限公司旗下著名品牌，以"让宠物舒心，让您放心"为客户服务宗旨，以建设"宠物的第二个家"为运营准则，依托着高标准的宠粮生产基地，已经开创出一套全新的集宠物衣、食、住、行于一体的宠物市场运营管理体系。目前巴米哥已在北京拥有多家直营店，随着品牌的发展壮大，其直营店的数目正以直线上升的良好态势飞速增长。

9. 狗迷会

狗迷会是广州爱狗创志企业管理顾问有限公司旗下宠物店品牌，是华南优质宠物服务第一品牌，也是华南地区最大规模的宠物连锁品牌。

狗迷会主营宠物纯种狗出售、宠物美容、宠物用品、宠物SPA加盟、宠物寄养、宠物训练、宠物摄影等。狗迷会里有着豪华、舒适的环境，优质、贴心的服务，还有全国唯一的、温馨的宠物主题咖啡小屋。

10. 汤姆狗

汤姆狗宠物是一家集名犬养殖销售、宠物美容、宠物美容师培训、技术指导、宠物用品销售、市场分析为一体的专业宠物服务企业。并将"汤姆狗"作为一个可持续发展品牌在全国范围内发展宠物品牌加盟连锁，目前在全国范围内的加盟连锁店已经有300多家，分布在北京、上海、天津、安徽、浙江、石家庄、江苏、山东、辽宁、河北、湖北、福建等。

第四章
筹集开店资金

第四章
筹集开店资金

导语

要创业,资金往往是许多人考虑的第一个问题,通常创业资金包括店面租金、装潢、设备、经营周转金等,若是选择加盟创业还包含加盟金、保证金等众多项目费用。然而,并不是每个想创业的人,都有足够的自有创业资金。因此,筹措资金的渠道就十分重要。

一、预测启动资金

启动资金,就是开办宠物美容店必须购买的物资和必要的其他开支,也就是从你为店铺开始投入直至达到收支平衡前必须要准备的资金总量。

1. 启动资金用途

开店的启动资金将用于以下方面。

(1)购买设备及相关产品。

(2)支付场地(办公室、店铺等)费用和店铺的装修费用。

(3)办理营业执照和相关许可证。

(4)购置办公家具和办公用品。

(5)开业前的广告和促销。

(6)招聘、培训员工,给员工发放工资。

(7)支付水电费、电话费等。

可以把启动资金按用途分为两大类,具体如图4-1所示。

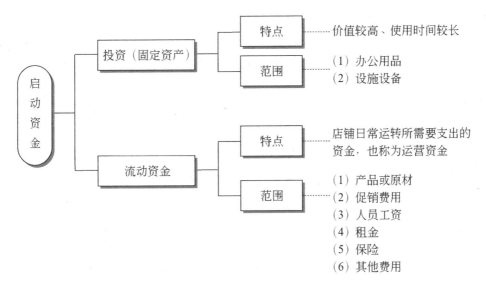

图4-1 启动资金类别

2. 投资(固定资产)预测

投资(固定资产)预测时要特别注意不同规模、不同经营范围的宠物美容店对设备需求的差别很大。所以,必须了解清楚所需的设备,选择正确的设备类型，尽量节省设备投资。即使你只需少量设备，也应测算并纳入计划。

比如，开一家宠物美容店所需的基础设备如下。

（1）需要一个稳固的美容台。其表面为防滑质地，有稳定的支架和固定的宠物吊竿。保证宠物在美容台上的安全。

（2）要准备专业的梳理工具。如：美容师梳、木柄针梳、钢丝梳、分界梳等。对于不同的步骤、情况，需要使用不同的梳子配合。

（3）除此之外，还有一些工具和用品是针对被毛打结的犬准备的，如：开节结、开毛结水等。

（4）剪趾甲时，需要趾甲钳、趾甲锉和专业的止血粉。

（5）洗完澡后要用吸水毛巾擦干，再用专业的烘干箱或吹水机吹八成干，最后要用双筒吹风机吹干。

（6）修毛剪毛的过程中所需要的工具分类则更加精细，剪刀分直剪、牙剪、小直剪、弯剪，因修剪位置不同而必须运用相应的剪刀。

（7）对于需要剃毛的犬种，还要选用专业电剪配以不同型号的刀头进行修剪。

 开店锦囊

设备的投资可多可少，应根据市场定位来调整。每种设备都有高中低的档次，根据目标人群，确定使用或消耗什么档次的设备即可。不用贪多求大，够用就好。

3.流动资金预测

流动资金的最大特点就在于随时变化，店铺最初收入取得之前必须要有可以支付各种费用的资金。适当的流动资金准备能使创业者从容应对各种费用的支付。

（1）流动资金的范围。流动资金是门店日常运转时所需支付的资金。主要包括如图4-2所示的项目。

（2）流动资金的预测。一般来说，在销售收入能够收回成本之前，创业者事先至少要准备3个月的流动资金。为预算更加准确，你可以制订一个如表4-1所示的现金流量计划表。

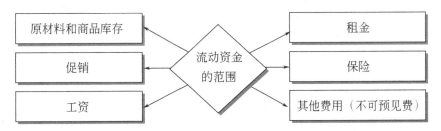

图4-2 流动资金的范围

表4-1 流动资金的预测

序号	类别	具体说明
1	产品库存	零售商和批发商营业前库存商品的流动资金预测
2	促销	包括4P［产品（product），价格（price），渠道（place），促销（promotion）］计划的促销成本
3	工资	起步阶段也要给员工开支。计算方法：月工资总额×没收支平衡的月数
4	租金	门店一开张就要支付租金，计算方法：月租金额×没收支平衡的月数
5	保险	保险有两种：社会保险和商业保险。开业时准备交的保险也在启动资金数额内
6	其他费用	包括水电费、办公用品费、交通费、电话费、不可预见费（统称公用事业费）等。起步时纳入启动资金数额内

4.总的启动资金预测

总的启动资金计算公式为：

启动资金总额=投资金额（固定资产+开办费）+流动资金总额

5.预测启动资金要注意的问题

创业者在预测启动资金时，要注意以下问题。

（1）必须意识到"启动资金周转不灵，就会导致门店'夭折'"。

（2）必须核实你的启动资金持续投入期，即在你没取得销售收入以前须投入多长时间的流动资金。

（3）必须将投资和流动资金需求量降至最低。依据"必须、必要、合理、最低"的原则，该支出的必须支出，能不支出的坚决不支出。

第四章 筹集开店资金

（4）必须保持一定量的流动资金"储备"，以备不时之需。

相关链接

开宠物美容店的预算

眼下，喜欢宠物的人越来越多，和宠物相关的市场需求也在慢慢扩大。如果您热爱宠物，手里又有点资金，也许早就在心里酝酿着如何投资开一家宠物用品店了吧。下面我们一起来看看开宠物美容店要有哪些预算。

1. 宠物美容店的定位

开宠物美容店费用预算其实是与宠物美容店定位、宠物美容店档次是分不开的。一个高档宠物美容店和一个小型宠物美容店所需要的费用肯定是不一样的，两者之间的差距非常大。因此创业者在做宠物美容店预算时，首先要弄清楚自己的宠物美容店定位是什么样的，只有找到这个定位的原点，才能够在这个基础上做好各种预算。

2. 品牌加盟相关费用

如果想要找一个合适的品牌加盟，可直接依托这个品牌的市场知名度，复制别人的成功经验，从而让自己快速获得成功。当然，加盟品牌是需要支付一定的费用的。这个费用根据各自品牌来定。

3. 店铺租金

店铺租金与店铺选址的位置以及大小有着密切的关系，一般来说，宠物美容店地址越靠近黄金地段，相关租金也就越高，而各个城市经济发展水平不一，商铺租金也差别很大，所以店铺租金这块的预算其实还是根据实际情况，结合自己宠物美容店定位，选择多大面积的店铺，做具体的预算。

4. 装修费用

宠物美容店装修也是必须要花的资金之一，只是装修是一个"无底洞"，具体要装修成什么样，是精装修还是轻装修？这更是要自己核算装修成本，宠物美容店装修不一定是越高档越好，与宠物美容店档次及定位相符合即可。

5. 人员成本及宠物美容店运营成本

宠物美容店人员成本和基本的运营成本是必要的，人才是宠物美容店的核心竞争力，宠物美容店行业人才培养难，留住人才也比较困难，如果不能给员工合适的薪酬待遇，是很容易造成优秀的人才流失的。而宠物美容店平时的运营成本，比如做促销活动需要准备奖品，印刷宣传物料，平时的一些耗材等，这些钱都是不得不考虑的开销。

6.技术学习成本

如果不是选择加盟宠物美容连锁品牌，而是自己先去宠物美容学校学习后，然后开店，正常来说C级美容师的学费是8000元左右，学习时间大概是1~2个月，再加上学习期间的吃和住等，整个学习期间的成本会在1万元左右。当然作为店主，也可以不用去学习，而是直接招聘宠物美容师，但是这样开店的风险会更大一下，毕竟就是一家小店，美容师的变动将对店里的生意产生毁灭性的影响。

7.美容设备

无论是给人美容还是给宠物美容，肯定都需要用到美容设备，开一家宠物美容店，吹水机、美容剪、电推剪、美容台、大功率吸尘器等都是必不可少的，这些是必须要有的。另外，店里还需要有空调、小冰箱、热水器等电器设备，这些设备费用都要算到预算里。

二、筹集资金的原则

创业者在筹集启动资金时，必须遵循一定的财务管理原则和规律。就目前而言，所筹资金的来源及其途径多种多样，筹资方式也机动灵活，从而为保障筹资的低成本、低风险提供了良好的条件。但是，由于市场竞争的激烈和筹资环境以及筹资条件的差异性，给筹资带来了诸多困难。因此，创业者在筹资时必须坚持如图4-3所示的原则。

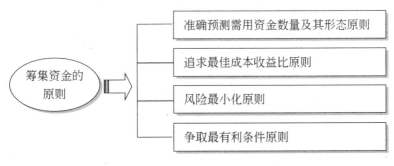

图4-3 筹集资金的原则

1. 准确预测需用资金数量及其形态原则

店铺资金有短期资金与长期资金、流动资金与固定资金、自有资金与借入资金，以及其他更多的形态。不同形态的资金往往满足不同的创建和经营需要，筹资需要和财务目标决定着筹资数量。创业者应周密地分析创建初期的各个环节，采取科学、合理的方法准确预测资金需要数量，确定相应的资金形态，这是筹资的首要原则。

2. 追求最佳成本收益比原则

创业者无论从何种渠道以何种方式筹集资金，都要付出一定的代价，也就是要支付与其相关的各种筹集费用，如支付股息、利息等使用费用。即使动用自有资金，也是以损失存入银行的利息为代价的。

资金成本是指为筹集和使用资金所支付的各种费用之和，也是店铺创建初期的最低收益率。只有收益率大于资金成本，筹资活动才能具体实施。资金成本与收益的比较，在若干筹资渠道和各种筹资方式条件下，应以综合平均资金成本为依据。

简言之，创业者筹集资金必须要准确地计算、分析资金成本，这是提高筹资效率的基础。

3. 风险最小化原则

筹资过程中的风险是创业者筹资不可避免的一个财务问题。实际上，创建和经营过程中的任何一项财务活动都客观地面临着一个风险与收益的权衡问题。

资金可以从多种渠道利用多种方式来筹集，不同来源的资金，其使用时间的长短、附加条款的限制和资金成本的大小都不相同。这就要求创业者在筹集资金时，不仅需要从数量上满足创建和经营的需要，还要考虑到各种筹资方式所带来的财务风险的大小和资金成本的高低，做出权衡，从而选择最佳筹资方式。

4. 争取最有利条件原则

筹集资金要做到时间及时、地域合理、渠道多样、方式机动。这是由于同等数额的资金，在不同时期和环境状况下，其时间价值和风险价值大不相同。所以，创业者要把握筹资时机，以较少费用筹集到足额资金。

因此，必须研究筹资渠道及其地域，战术灵活，及时调剂，相互补充，把筹资与创建、开拓市场相结合，实现最佳经济效益，如图4-4所示。

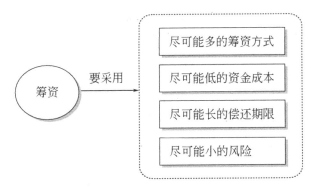

图4-4 筹集资金的最有利原则

三、筹集资金的要求

筹集资金是店铺创建活动的起点,是一项重要而复杂的工作。店铺筹资要研究影响筹资的各种要素,讲求综合经济效益,并按照一定的要求进行。具体如图4-5所示。

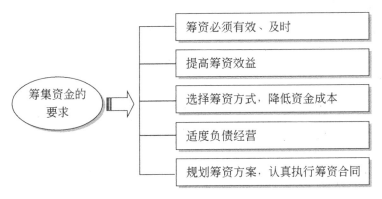

图4-5 筹集资金的要求

1. 筹资必须有效、及时

筹资的目的是为了保证创建伊始所必需的资金。无论通过什么渠道、采取什么方式来筹集资金,创业者都应预先确定合理的资金需求量,并制订筹资计划,使资金的筹集量与需求量达到平衡。这样,既能避免因为资金筹集不足而影响创建工作的正常进行,又可以防止资金筹集过多而降低资金的利用率。

开店锦囊

创业者筹资应根据资金的投放时间来合理安排，使资金的筹集和使用在时间上互相衔接，避免超前筹资造成使用前的闲置和浪费，或滞后筹资而错失良机。

2. 提高筹资效益

筹资是为了满足店铺创建以及经营初期资金运作的需要。创业者只有明确了这一点，安排了资金的用途以后，才能根据需要选择适当的筹资渠道、筹资方式以及筹资数量，避免漫无目的地盲目筹资。

3. 选择筹资方式，降低资金成本

资金成本是资金使用者支付给资金所有者的报酬及有关的筹措费用，是对企业筹资效益的一种预先扣除。不同渠道和方式的筹资其难易程度和资金成本是不一样的。

创业者在筹资时要综合考虑各种筹资渠道和方式，研究各种资金来源的构成情况，选择最优的筹资方式，以降低资金成本，使资金的使用效率最大化。

4. 适度负债经营

店铺的资本结构一般由自有资本和借入资本构成，如图4-6所示。

图4-6　一般店铺的资本结构

自有资本的多少反映了店铺的资金实力。但大多数创业者不会以自有资本作为唯一的资金来源，而是通过借债来筹集部分资金，即负债经营。负债经营在投资利润率高于借入资金的利息率的情况下，可以使店铺的自有资本获得杠杆利益，负债比例越大，店铺可获得的利益也越大，但同时，财务风险也越大。

因此，创业者在筹集资金时，要科学合理地确定借入资本与自有资本的比

例，优化自身的资本结构，适度地负债经营。这样既利用了负债经营的财务杠杆作用提高自有资本的收益率，又降低了自身的财务风险，偿债能力也得到了保障。

5. 规划筹资方案，认真执行筹资合同

在筹资过程中，首先必须进行筹资成本和投资效益可行性的研究，拟定筹资方案。对筹资时间应选择有利的时机，既要与用资时间相衔接，又要看资金市场的供应能力。在具体操作时，筹资者与出资者应按照法定手续认真签订合同、协议或制定章程，明确各方的责任和权利。

此后，必须按照筹资章程、筹资方案和合同规定执行，恰当支付投资者报酬，按期偿还借款，这也是维护自身信誉的必要保障。

四、筹集资金的途径

在"大众创业，万众创新"理念的指导下，很多人都走上了自己的创业之路。创业的第一步，是准备一笔创业启动资金。那么，这笔资金主要从哪里来？创业者可以从以下几方面来筹集，具体如图4-7所示。

图4-7 筹集资金的途径

1. 自有资金

自有资金就是将自己积蓄多年的钱拿出来创业，这是自己做主，也是创业的最源头的资金。这是店铺的真正原始投资，也可称为原始股。

2. 向亲朋好友借

从亲戚或朋友处借钱是开办店铺最常见的做法。但是，一旦你的店铺办失败了，亲戚或朋友会收不回自己的钱，而伤了感情。因此，你要向他们说明借钱给你具有一定的风险。千万不要因为自己的创业而影响到亲朋好友的关系，这样是得不偿失的。

开店锦囊

为了让亲朋好友了解你的店铺,你要给他们一份你的创业计划副本,并定期向他们报告创业的进展情况。

3.向银行贷款

(1)个人开店贷款的条件。个人投资开店贷款适用的范围广泛,只要符合一定贷款条件,能够提供银行认可的担保方式的个人、个体工商户、个人独资企业,都可申请投资贷款。另外,各银行还会有具体规定。申请个人开店贷款的借款人必须同时具备如图4-8所示的条件。

条件一	具有完全民事行为能力,年龄在50岁以下
条件二	持有工商行政管理机关核发的工商营业执照、税务登记证及相关的行业经营许可证
条件三	从事正当的生产经营活动,项目具有发展潜力或市场竞争力,具备按期偿还贷款本息的能力
条件四	资信良好,遵纪守法,无不良信用及债务记录,且能提供银行认可的抵押、质押或保证
条件五	在经办机构有固定住所和经营场所
条件六	银行规定的其他条件

图4-8 申请个人开店贷款的条件

(2)贷款额度。个人开店贷款金额最高不超过借款人正常生产经营活动所需流动资金、购置(安装或修理)小型设备(机具)以及特许连锁经营所需资金总额的70%。

(3)贷款期限。个人开店贷款期限一般为2年,最长不超过3年,其中生产经营性流动资金贷款期限最长为1年。

（4）贷款利率。个人创业贷款执行中国人民银行颁布的期限贷款利率，可在规定的幅度范围内上下浮动。

（5）申请创业贷款的方式。申请创业贷款的方式具体如表4-2所示。

表4-2　申请创业贷款的方式

序号	方式	具体说明
1	抵押贷款	抵押贷款金额一般不超过抵押物评估价的70%，贷款最高限额为30万元。如果创业需要购置沿街商业房，可以以拟购房子作抵押，向银行申请商用房贷款，贷款金额一般不超过拟购商业用房评估价值的60%，贷款期限最长不超过10年
2	质押贷款	除了存单可以质押外，以国库券、保险公司保单等凭证也可以轻松得到个人贷款。存单质押贷款可以贷存单金额的80%；国债质押贷款可贷国债面额的90%；保险公司推出的保单质押贷款的金额不超过保险单当时现金价值的80%
3	保证贷款	如果你的配偶或父母有一份较好的工作，有稳定的收入，这也是绝好的信贷资源。当前银行对高收入阶层"情有独钟"，律师、医生、公务员、事业单位员工以及金融行业人员均被列为信用贷款的优待对象，这些行业的从业人员只需找1~2个同事担保就可以在工商银行、建设银行等金融机构获得10万元左右的保证贷款，在准备好各种材料的情况下，当天即能获得批准，从而较快地获取创业资金

相关链接

成功申请创业贷款的技巧

银行在调查借款人的资质时，主要从以下五个方面来综合衡量，摸准银行的"脉搏"就可以对号入座，提高成功申请贷款的概率。

1.银行对于借款人的综合评价

包括借款人与其家庭、教育、社会背景、行业关系征信、诉讼资料、评估品格（诚实信用）及其责任感。

2.对借款人开店业项目的考察

包括项目的获利能力（特别是营业利益），主要经营者是否具备足够的经验及专业知识，对继位经营者的培植情形及行业未来的企划作业。

3.个人征信情况

包括有无不诚实或信用欠佳记录；与银行来往是否均衡；有无以合作态度提供征信资料。

4.资金用途

这一点是银行评估信用的核心。包括资金启用计划是否合法、合理、合情及符合政策；另外，还款来源是确保授信债权本利回收的前提要件，因此，银行还要分析借款人偿还授信的资金来源。

5.债权保证

内部保证，指银行与借款人之间的直接关系；外部保障，指由第三者对银行承担借款人的信用责任而言，包括保证书等。

4.寻找合作伙伴筹资

寻找合作伙伴筹资能够降低创业的风险，而寻找合作伙伴有一个前提便是合作伙伴要对自身的创业有促进的作用，两者的合作能够提高创业的成功率。寻找创业合作伙伴也能够减少创业的风险。

5.从供货商处赊购

除了以上筹资方式外，创业者还可以从供货商那里赊一部分账。不过，这也不容易，因为大多数供货商只有在弄清楚你的店铺确实能够运转良好之后，才会为你提供赊账。

6.加盟连锁

俗话说，背靠大树好乘凉。有许多大公司为了扩大市场份额，正纷纷选择连锁经营的方式来扩充自己，为了有效而快速地扩大连锁经营的覆盖面，他们广泛吸收个体业主加盟经营。为此，他们常常会推出一系列优惠待遇给加盟者，这些优惠待遇或是免收费用，或是赠送设备等，虽然不是直接的资金扶持，但对缺乏资金的创业者来说，等于获得了一笔难得的资金。

相关链接

一个人创业如何筹集资金

筹集资金是企业财务管理工作的起点，关系到企业能否正常开展生产经营活动，所以，企业应科学合理地进行筹资活动。但是一个人创业时如何筹集资金呢？

1.个人创业贷款

个人创业贷款是指具有一定生产经营能力或已经从事生产经营的个人，因创业或再创业提出资金需求申请，经银行认可有效担保后而发放的一种专项贷款。个人创业贷款融合了公司金融和个人金融的特点，其用途不是用来消费，而是用于经济实体的经营和运作，从而为个人创业提供了有效的融资渠道。

时下工商银行、中国银行、农业银行、浦发银行、中信实业银行、交通银行等都已推出了个人创业贷款业务。

比如，农业银行青岛分行推出的个人创业贷款，是针对个体工商户、个人独资企业投资和个人合伙企业合伙人等具有完全民事行为能力的自然人这个特定主体发放的，集中用于其创业和经营，以购买或租赁店铺、购买机械设备、支付货款、购置原材料等用途的贷款。

再如，农业银行在四川省还成立了第一家个人创业贷款中心，该中心专门为初始创业和继续创业的人士提供融资需求，可以通过商铺、住房、有价证券等抵押、质押以及有实力的人士提供担保解决贷款，贷款额度最高可达200万元。

2.扶持性贷款担保

下岗失业人员乃至就业困难人员虽然创业意识高，但融资难，是他们处于起步阶段共同面临的普遍问题。特别是开办小企业，贷款担保更加困难。为此许多地方政府和部门针对广大普通劳动者创业给予了必要的政策引导和扶持。

2015年，国务院以"国发〔2015〕23号"发布《国务院关于进一步做好新形势下就业创业工作的意见》，提出"支持创业担保贷款发展。将小额担保贷款调整为创业担保贷款，针对有创业要求、具备一定创业条件但缺乏创业资金的就业重点群体和困难人员，提高其金融服务可获得性，明确支持对象、标准和条件，贷款最高额度由针对不同群体的5万元、8万元、10万元不等统一调整为10万元。鼓励金融机构参照贷款基础利率，结合风险分担情况，合理确定贷款利率水平，对个人发放的创业担保贷款，在贷款基础利率基础上上浮3个百分点以内的，由财政给予贴息。简化程序，细化措施，健全贷款发放考核办法和财政贴息资金规范管理约束机制，提高代偿效率，完善担保基金呆坏账核销办法。"

3.特许加盟

特许经营是指特许者将自己所拥有的商标、商号、产品、专利、专有技术、经营模式等以合同的形式授予被特许者使用，被特许者按合同规定，在特许者统一的业务模式下从事经营活动，并向特许经营者支付相应的费用，现阶段连锁经营已成为一种引领市场潮流的营销模式。目前，很多银行也积极参与特许经营，为创业者提供贷款，这种助业贷款可以达到一举三得的效果：银行的信贷资金可以获得比较安全的投放渠道；借款人通过银行贷款可以达到投资创业的目的；企业达到了销售自己产品的目的。

4.合伙入股

创业社会化是一种趋势，由于一个人势薄力单，所以几个人凑在一起有利于创业投资，合伙创业不但可以有效筹集到资金，还可以充分发挥人才的作用，并且有利于对各种资源的利用与整合，合伙投资可以解决资金不足，但也应当注意一些问题。

（1）要明晰投资份额。个人在确定投资合伙经营时应确定好每个人的投资份额，也并不一定平分股权就好，平分投资份额往往为以后的矛盾埋下祸根。因为没有合适的股份额度，将导致权利和义务的相等，结果使所有的事情大家都有同样多的权利，都有同样多的义务，经营意图难以实现。

（2）要加强信息沟通。很多人合作总是因为感情好，你办事我放心，所以就相互信任。长此以往，容易产生误解和分歧，不利于合伙基础的稳定。

（3）要事先确立章程。合伙企业不能因为大家感情好，或者有血缘关系，就没有企业的章程，没有章程是合作的大忌。

第五章 选择开店地址

第五章
选择开店地址

导语

好店址是店铺兴旺的基础,如果选对了地方,就不用担心赚不到钱。选择一个好的店址,要考虑很多因素,诸如地理因素、客流量、交通状况、居民消费水平、租金房价等。其中,地理因素、交通状况和居民消费水平最重要。

一、选址的重要性

作为面向直接消费者的服务终端,店面选址的好坏在很大程度上决定了店面今后的生存和发展,因此业界普遍认为"店面选址成功,店面经营就成功了一半",可见店面选址的重要。具体如图5-1所示。

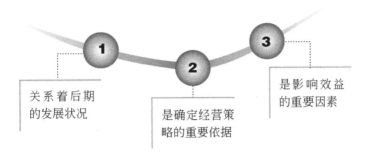

图5-1 选址的重要性

1.关系着后期的发展状况

开店选址是一项长期性的投资,关系着创业者店面的发展状况。店面无论是租借还是购买,一经确定,就需要大量的资金投入,而且店址不可能像人力、财力说调整就可以调整,它具有长期性和固定性,所以选址要慎重。

2.是确定经营策略的重要依据

店址是店面确定经营目标和制定经营策略的重要依据。不同地段的地理环境、人口状况、交通条件、市政规划等特点都决定了店面顾客的来源和特点,同时也决定了门店经营的商品内容、价格以及促销活动的选择。创业者在确定经营目标和制定经营策略的时候,必须要考虑店面所在地区的特点、实施性和目标的可实现性。

3.是影响效益的重要因素

店址选择是否得当,是影响店面经营效益的一个重要因素。店面的正确选址就意味着其享有优越的"地利"优势,在同行业店面之间,如果在规模相当、服务水平基本相同的情况下,选址正确必然会有较好的经济效益。

二、选址的流程

选址是宠物美容店成功经营最重要的因素,创业者应清醒地认识到选址不是凭感觉就能决定的,也不能一味贪求房租低廉。正确的选址方法应该通过选址调查、分析相关因素并参照宠物美容行业的特点,选择一个具有发展潜力的店址。具体流程如图5-2所示。

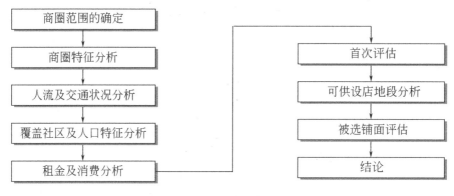

图5-2 选址流程

三、选址的原则

随着创业热的不断升温,如今想投资开店创业的人越来越多。但开店并非像"春天播种,秋天结果"那么简单,而要牵涉到选址、融资、进货、销售等诸多环节,其中选址是关键的第一步。基于此,创业者可遵循如图5-3所示的原则来选址。

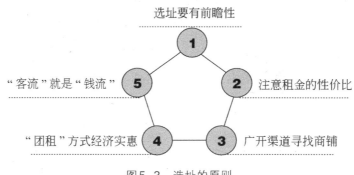

图5-3 选址的原则

1.选址要有前瞻性

并不是所有的"黄金市口"都一定赚钱,有时遇到市政规划变动,热闹的地段也有可能变成冷僻之地。因此,创业者在选址时要眼光放远些,多了解该地区将来的发展情况。

除了市政规划外,还要注意该地区未来同业竞争的情况。

2.注意租金的性价比

不同地理环境、交通条件、建筑物结构的店面,租金会有很大出入,有时甚至相差十几倍。对创业者来说,不能仅看表面的价格,而应考虑租金的性价比问题。

比如,对月收入在2万元左右的门店,其月租金在3000~5000元比较合适,能保证一定的毛利率。

3.广开渠道寻找商铺

现在有许多创业者喜欢通过报纸广告、房屋中介、房地产交易会、互联网等了解商铺信息。其实,商铺市场有个"2:8法则",即公开出租信息的店铺只占总数的20%,而以私下转让等方式进行隐蔽交易的却占80%。所以,寻找商铺一定要广开渠道,多管齐下。

4."团租"方式经济实惠

目前,十几平方米的小商铺很抢手,租金因此水涨船高,而一二百平方米的大商铺却因滞租而身价下跌。在这种情况下,建议几个创业者以团体租赁的方式低价"吃"下大商铺,然后再进行分割,细算下来能节省不少费用。

5."客流"就是"钱流"

商铺选址一定要注意周围的人流量、交通状况以及周围居民和单位的情况。对经营商铺的创业者来说,"客流"就是"钱流",千万不要因为怕竞争而选在偏远地区。

四、选址前的调查

创业者在选择开店地址时,不能盲目地选择,而应在选址前做好市场调查。可从如图5-4所示的几个方面来展开调查。

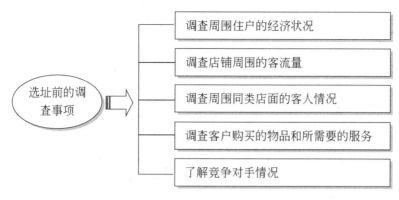

图5-4 选址前的调查事项

1. 调查周围住户的经济状况

一般来说高档社区住户经济状况较好，家里的宠物品种好、价格高，而且特别娇宠宠物，主人也舍得在宠物身上投入，因此宠物美容店里的商品也要适当提高档次，价格自然会高一些；反之，如果周围的客户消费水平一般，你的店内商品和服务的价格就不能太高，太高的价格只会"吓跑"客户。

2. 调查店铺周围的客流量

店铺周围客流量的大小直接关系到开店的经济效益，客流量大，宠物美容店的知名度就高，也容易被人记住和宣传。一般家有宠物的人都喜欢进来看看，如果自己的宠物需要洗澡和相关用品，自然就会想到来你的店。

 开店锦囊

创业者在选择宠物美容店位置时，需要对周边同行业进行详细的考察，对店铺经营的产品及目标消费群体有一个清醒的认识，知己知彼才能百战百胜。

3. 调查周围同类店面的客人情况

对初次饲养宠物的宠物主人来说，在给自己的宠物挑选衣物和食品时，总爱"货比三家"。同样的商品看质量，同样的质量看价格。因此，周围店铺的兴旺有可能会给你的生意带来兴旺。

4.调查客户购买的物品和所需要的服务

宠物主人有时会有此互相攀比的心理，张家的"宝宝"穿了一件连衣裙，李家的宝宝"吃的是进口狗粮"，王家的"宝宝"做了一个漂亮的造型等；有些"上班族"忙忙碌碌，又舍不得将"宝宝"丢在家里孤苦伶仃，很需要"托养"在宠物美容店里。如此种种，都需要详细调查，以便确定自己小店的特色和服务范围。

5.了解竞争对手情况

主要了解竞争对手的营业时间、营业状况、服务特色与质量、商品种类与价格、客流量情况等。对于新开张的宠物美容店来说，商品的种类不可能一下备齐，做到商品质量和服务质量上乘非常重要，根据客人的需要提供商品预订及送货上门等周到服务，相信会拉住很多"回头客"。

五、选址的关键因素

1.地理位置

潮湿的气候会诱发猫狗等宠物的皮肤炎症，各个地区的气压、气温不同，可能影响到宠物的口味偏好，进而也就决定着要开的宠物美容店的产品特色。

2.税收政策

当宠物美容店开业之后，每月的税收是必不可少的。不同的地区，其税收的政策也存在一定的差异。在这方面可以通过询问同行，或者在办理开店手续的时候，详细咨询相关部门，了解关于宠物用品类店铺的税收政策。这样就可以进一步计算宠物美容店的预期销售额和成本开销之间的差额，这种差额就是店主们十分关心的利润部分。

3.消费群体

所有的宠物美容店，无论其经营形式如何，都需要有一个稳定的消费群体。这个消费群体包括退休的老年人、追求时尚的女性、喜欢小动物的少年儿童等。无论什么样的顾客都是"上帝"，这个群体必须保持稳定，并且认可店铺的产品和理念，这样，才有可能保证稳定的商品销售。

比如，对于想以宠物用品为主要经营项目的创业者来说，重要的是在开店前就要了解这一特定的消费群体，包括他们的年龄结构、职业岗位、兴趣爱好以及个人的养宠历史等，而且在经营中还需要不断地了解该类消费群体中新出现的特点和流行趋势，以便及时引入适销对路的新产品。

4. 场所大小

场所的大小是根据要开设的宠物美容店的特点来决定的。如果要开设商品种类齐全的宠物美容店，则店铺的面积最好在40平方米以上；如果开设的是宠物食品店，那么将店铺面积保持在20～30平方米就足够了。如果开设的是宠物托管、美容等服务类的店铺，店铺面积就应该大一些——宽敞舒适的店铺环境将给宠物的主人留下美好的印象，会让他们放心地将宠物交到店里。

当然，这种场所大小的界定并不是绝对的，可以根据实际情况进行适当的改善，以获得经营利益的最大化。

5. 场所成本

场所成本可以分为两种类型，即有形成本和无形成本。有形成本是指那些易于分辨而且可以准确测量的成本，包括水电、劳动力、原材料、税收、折旧费以及其他可以被财务部门或管理部门确认的费用。无形成本则不易量化，包括公共交通设施水平、居民对宠物美容店关注的程度、员工的素质和工作态度等，甚至包括周围居民各方面的生活质量和环境好坏，因为这些会影响个人的体质。

在选址时，必须清楚地知道要使用的店铺的租金成本是多少，水电等有形成本是多少，还有为聘请员工而产生的月开支是多少等。这些固定成本影响着宠物美容店的投资额度，也会影响筹措资金的渠道。

6. 营业时间

在选址时要根据宠物市场消费的情况，合理确定营业时间。而这个营业时间是否与当地某些限制性政策相符，也是应该注意的问题。

7. 周围竞争状况

当决定开设一家宠物美容店的时候，要时刻准备面对同行的竞争。没有竞争未必是好事，如果在店铺周围没有其他的宠物美容店，就有可能说明这个店铺所在地区的居民对宠物的消费并不重视。当然，也许你开设宠物美容店的时候，其他人还没有来得及介入这一区域的宠物生意，竞争席位的空缺也恰好提供了充分发展的机会，这时就可以利用良好时机大展宏图了。

在同一个地区，如果宠物美容店不止一家，就可能会遇到各种各样的竞争。实行差异化的营销策略，突出自己宠物美容店的经营特色，或许能在激烈的市场竞争中获得更多的优势。要弄清楚自己店铺周围的其他竞争者和潜在竞争者的情况，比如其产品特点、经营方式和价格等情况，"知己知彼"，才能"百战百胜"。

8. 水电网络等设施状况

店铺是否在硬件设施和服务等方面存在着瑕疵，比如水管的铺设、电压的限制以及是否能够联网等情况。

 相关链接

选址前应考虑的因素

1. 是否适合开宠物美容店

并不是所有的店铺都适合开宠物美容店，店铺本身也需要一定的条件，比如：拥有良好的通风、采光条件，店铺大的格局及水电改造方便，是否拥有简单的装修等。另外在和房东签订店铺的租赁合同时，要保证宠物美容店店铺的稳定性。采用季付、月付还是年付，是否有一定期限的免租期，以及相关的附加条件，以便节省不少开支。比如是否可正常供暖、通水、通电，是否可对店面的房顶、地板和墙壁等做基本的改造装修，添加或维修水电设施等。

2. 是否有足够的消费人群

选址的过程当中必须要考虑是否合适自己的宠物美容店，以及周边具体消费人群的统计。周边养宠人的数量是必须要考虑的一个因素，因一个宠物美容店所针对的客户群体几乎都是养宠物的人。如果一个宠物美容店周边没有养宠物的人或者养宠物的人数量非常少，那么宠物美容店的选址是失败的。

要选择居民聚集、人口集中的地区，不要在居民较少和居民增长较慢的地区开店。人气旺盛的养宠地区基本上都有利于开设宠物美容店。城市新开发的地区，刚开始居民较少、人口稀零，如果又缺乏较多流动人口的话，是不适宜开设宠物美容店的。虽然有时候在新建地区开宠物美容店，可以货卖独家，但往往由于顾客较少，难以支撑店铺的日常运营。

3.是否与经营项目定位相符

宠物美容店的选址千万不可盲目地追求"高大上"的原则，要根据自己所经营项目以及宠物美容店的计划的规模来选址。对于一个宠物美容店所针对不同档次的消费群体选择高档、中档、低档宠物美容店地址。对于那些面积很小、服务态度差的宠物美容店来说，是很难盈利的，更不要说留住老顾客了。

如果经营的是宠物美容、洗澡等快速消费品，就要选择在居民区或社区附近；如果经营的是宠物用品、玩具等消费品，就要选择在交通便利的地区。此外，还要考虑自己的目标消费群体，是主要面向普通大众消费群体，还是主要面向中高阶层消费群体，简单地讲就是要选择能够接近较多目标消费群体的地方。

4.是否能在同行中保持竞争力

考虑宠物美容店周边同行业之间的竞争情况，也就是我们常说的对宠物市场的考察，一个地区宠物美容店的生活主要看的是宠物市场怎么样。如果在这个地区已经设有宠物美容店，那么接下来要考虑的就是宠物市场竞争的问题了，考虑与竞争对手之间自己的优势在哪里，是否能竞争过对手等。

5.是否有方便停车的位置

要尽量避免在受交通管制的街道选址，店铺门前要有适合停放车辆的位置。

很多城市为了便于交通管理，在一些主要街道会设置交通管制，例如单向通行、限制车辆种类、限制通行时间等，宠物加盟店选址应该避免这些地方。也尽量不要在道路中间设有隔离栏的街道开宠物美容店，因为这样会限制对面的人流过来，即使你的宠物美容店招牌做得再显眼，对面的顾客也只能"望店兴叹"。交通方便是选择宠物美容店位置的条件之一，宠物美容店附近最好有公交车站点，以及为出租车提供的上下车站等。另外，宠物美容店门前或附近应该有便于停放车辆的停车场或空地，这样会更方便顾客购物。

6.是否存在产权纠纷等问题

要事先了解宠物美容店近期是否有被拆迁的可能，房屋是否存在产权上的纠纷或其他问题。随着城市的快速发展，旧城改造是经营中可能遇到的，开设宠物美容店首先要调查和了解当地的城市规划情况，避免在容易拆迁的"危险"地区设置宠物美容店。在租赁房屋时，还要调查了解该房屋的使用情况，例如建筑质量，房屋业主是否拥有产权或其他债务上的纠纷等，这些细节方面的忽略往往会导致宠物美容店的"夭折"，给自己带来巨大的损失。

六、选址的策略

前期的选址对于一个宠物美容店后期的成功运营起着非常重要的作用。一个合适的地址可以给宠物美容店带来许多顾客，创造更高的利润。据统计，在影响一个宠物美容店是否赚钱的因素当中，选址占40%以上。因此，创业者在选址时，一定要慎重考虑，实际运作中可参考如图5-5所示的选址策略。

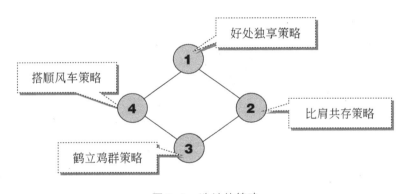

图5-5 选址的策略

1.好处独享策略

假如经过调查发现有某一目标消费群很集中的区域，但附近并无类似店铺，此时自己应该做那"第一个吃螃蟹的人"将会独家享有好处。

2.比肩共存策略

将自己的店铺置身于高档店铺群落之中，与高档同业比肩共存。注意此策略运用时，自己的规模、装修档次、服务水准等，绝对不能低于同行业，最好是略高于同行业一点，否则会总处于竞争被动地位。

3.鹤立鸡群策略

当自己的店铺规模比周围的店铺都要大时,将能获得良好的出位效果。此策略的运用讲究适度,如果周围其他店铺都过小而且档次太低,则又有可能拉低我方店铺的档次形象。

4.搭顺风车策略

原则上宠物美容店店址不要过于靠近规模大过自己的店铺,然而如果其他宠物美容店只是规模较大,但服务水准不高、产品过于廉价,则表明同行其实并无市场竞争力,则店址可以充分靠近,将能有效夺取对手客源。

 相关链接

适合开宠物美容店的地方

1."宠友"活动聚集地

在这个区域开宠物美容店的好处不用多说,但是做好服务及优秀的体验才能快速在"宠友"心中树立良好的品牌形象。

2.高密度居民区

居民区人口比较集中,人口密度较高。在这类地区消费者层次参差不齐,各年龄层和社会阶层的人都有。养宠物的人也比较多,所以无论出售何种宠物食品和玩具,都会有一定的顾客群,不过要有良好的性价比来带动服务体验。

3.交通便利的地区

交通便利是消费者购物的首要条件。一般来说,如果店铺附近有停车区域,或者顾客步行时间在15分钟内的铺面都是值得考虑的位置。

4.成行成市的地区

对于宠物美容店这种服务与消费购物行业,若能集中在同行"扎堆"的地段或街区,则更有利于经营。

七、选址的误区

开店选址是投资宠物美容店的一笔重大投资,同时也是店铺能否成功的必要条件，因此创业者在开店选址时需要非常谨慎。而很多初次投资宠物美容店的经营者往往对开店选址了解得并不多，因此在开店选址中难免会犯一些错误，容易走进选址的误区。具体如图5-6所示。

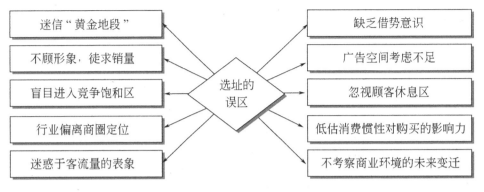

图5-6　选址的误区

1.迷信"黄金地段"

"非风水宝地不选"是很多创业者开店选址中普遍存在的一种心态。殊不知，"黄金地段"的昂贵租金与激烈竞争所带来的经营压力，非一般投资者所能承受。

2.不顾形象，徒求销量

对于经营中高端宠物美容店而言，除了考虑店址对销量的促进作用外，还应评估其对品牌形象的影响。为确保品牌形象不受损害，创业者在店铺的选址方面还需强调周边环境的卫生、清洁、美观。

3.盲目进入竞争饱和区

过度集中往往会造成市场饱和。有时候，位于同一商圈的多家同类店面看起来生意都很好，实际上已达到竞争平衡的临界点。新增加一家店，市场就超饱和了，造成"僧多粥少"的局面，原先挣钱的都开始亏损，大家只有打价格战。

4.行业偏离商圈定位

每个地区都有自己的整体商业网点布局。错位选址，逆势而动，往往得不到宏观政策的支撑和大环境的推动，吃力不讨好，最后只能选择撤出。

5. 迷惑于客流量的表象

对于宠物美容店而言,除了要考虑总体的客流量外,更应深入分析客流的有效性。以为人流密集的地点就是宠物美容店的好商圈,这是对商圈的误解。

6. 缺乏借势意识

做生意要成行成市,过分孤立仅靠一家店面"单打独斗",未必就是一件好事。巧妙地借对手的势,往往能对销售起到积极的促进作用。

7. 广告空间考虑不足

店招、立牌、展示架、海报,这些常见的广告道具对于汽车美容店的销售有着不可忽视的作用,运用得当能起到"四两拨千斤"的效果。在选址时,最好是了解门窗是否可改装为落地式大玻璃结构,当地政府对店招悬挂有无特殊要求。

8. 忽视顾客休息区

如今的消费者越来越挑剔,对宠物美容店的服务完善程度越来越重视。宠物美容店必须将这些因素考虑进去,否则店址再好,店内没有方便顾客休息的服务区以及消磨时间的一些配套服务,也很难让客户对店面满意。

9. 低估消费惯性对购买的影响力

在选址考查时要对该地消费者的购买习惯进行深入调查,很多经营者虽然在定位、商圈的分析上下足了功夫,但因对消费者的消费特性考虑不到位,最终只能草草收场。

10. 不考察商业环境的未来变迁

宠物美容店的投资回报周期较长,一旦周边环境发生变化,必将导致投资无法收回。有些目前看起来很优越的位置,可能过不了多久就会因城市发展变化的要求而陷入改造、拆除的麻烦。

 相关链接

宠物美容店选址分析报告

我们将要开设的是一家大型连锁式宠物美容店,集宠物用品超市、活体销售、宠物美容、宠物寄养、宠物医疗、宠物乐园、宠物摄影、待产养护于一体。

具体位置：位于××新天地购物广场内，边上是××广场，2013年竣工，背靠××新天地购物广场，拥有充足的客流量。比邻××家园高档住宅区，紧挨××广场，方便人们带宠物遛弯。

一、新店周围的地理位置特征

（1）店址选择了××新天地购物广场，比邻××路及××大街繁华的商业区，闹中取静，符合宠物美容店的特殊需求。

（2）交通便利，附近为××路与××大街十字路口，公交线路多。

（3）附近有高档住宅区，居住人口多，人口密度大，消费群体多，潜力大。

（4）附近有××广场，为宠物美容店的人流量以及消费场所提供了极大地便利。

二、新店物业的具体情况

（1）场地：50～70平方米店铺5000元/月，预付六个月30000元。

（2）加盟费：30000元。

（3）新店装修费10万元（包括货架、宠物商品、宠物美容设施等）。

三、新店开张后预计能辐射的范围

1.主商圈

500米内有××家园高档住宅小区。马路对面是××广场。

2.次商圈

以主商圈边缘辐射500米为次商圈，主要为近几年新建的众多高层小区，以及成名已久的××家园。

四、新店商圈内商业环境和竞争情况

范围内拥有比较繁华的商业街，居民区密集，消费需求大，消费能力强。经过调查发现，该商圈内暂时没有发现类似的大型的宠物商店，仅有一两家不太正规的小型宠物美容商店，与我们相比还有很大的差距，可以说，我们的宠物商店在此范围商圈内具有很强的竞争力，并且，商圈内人口密度大。总体上可以说竞争少，集客能力强。

SWOT分析如下。

1.优势

（1）人口密集，消费群体大，周围小区众多，尤其靠近几个中高档住宅小区，消费能力强，这些是宠物美容店的主要消费人群。

（2）交通便利，道路通达。

（3）独特性，在店铺辐射范围内，并未出现同类商店，竞争少，集中了客源。

2.劣势

宠物美容店走的是高端路线，其价格定位比较高。

3.机会

暂无竞争，发展空间大，消费潜力大。

4.威胁

（1）宠物美容店近年发展迅速，开业后可能出现竞争者。

（2）没有竞争未必是好事，如果现有的消费店铺周围没有其他的宠物用品店，就有可能说明这个店铺所在地区的居民对宠物并不重视。

五、新店商圈内居民及流动人口消费结构、消费层次

（1）宠物的消费人群一般为离退休老人、时尚的"白领"、富有爱心的孩子等。

（2）主商圈内主要为中高档小区，居民收入比较高。他们不再只关注宠物基本生存的消费品，越来越关注宠物生活的质量，对宠物的消费及要求也比较高，购买名贵品种宠物，对宠物美容频繁，为宠物购买的商品也比较高档，并且他们工作比较繁忙，时常将宠物寄养。消费能力强。

（3）收入一般的居民或是老人，对宠物的要求相对更低，只要求适时的清洁与购买宠物基本的生活品，比较少进行美容。

（4）少数流动人口，在店内购买宠物或进行宠物美容后，较少再返回店内消费。

六、新店的交通便利情况

该商圈内有纵贯××区的××大街，南北贯通，商铺附近有数个公交站点，且在通往飞机场的必经之路上，交通十分便利。交通状况良好，基本无拥堵情况。

七、新店投资效益分析

1.投入

租用店面一年60000元；布置一个美容间，有美容桌三张，每张各1000元；一套美容工具3000元；一个烘箱10000多元；另外的装修布置、物业设备、进货存储基本在15万～16万元。

2.产出

总体净利润在15%左右。其中,宠物粮食的利润最低为5%左右。宠物美容的利润较高,除了美容师的工资和美容工具外,几乎不需要其他成本。

3.收回投资

每天平均营业额为3000元左右,即月营业额9万元左右。一年半左右收回成本,第二年开始能出现盈利。

八、新店开业后商品结构和经营特色建议

1.商品结构建议

(1)出售的商品:活体宠物、宠物的食用系列、保健品系列、服装、日用系列、医疗系列。

(2)服务项目:宠物美容、宠物摄影、宠物租赁、宠物寄养、宠物医疗。

2.经营特色建议

(1)打造核心竞争力:选择好了投资方向,接下来要从三个方面入手,即专业店员、货品品质、老客源维护,来打造自己的核心竞争力。

(2)在货品品质方面,一定要严格把关进货渠道。在开店初期,最好选择知名品牌的生产厂家。

(3)宠物美容店经营过程中要格外重视口碑效应。要想经营得好,一定要和顾客交朋友,不仅要提供好的服务,还应该留住顾客。此外,建立会员制度,针对老客户给予优惠折扣或举办几个宠物免费美容等促销活动,有利于稳定老客源并发展新客源。

九、新店开业后的风险分析报告及防范

1.风险分析

宠物美容店经营的利润虽然高,相伴随的风险也高。

(1)宠物是一种活商品,在平常经营的过程中,不可避免地会出现宠物生病、死亡等一系列问题。

(2)店员难招。宠物美容师与一般的美容师不同,不仅有专业要求,而且工作非常烦琐,还经常会被宠物咬伤、抓伤。这就使得这一行业的店员招聘比其他行业困难很多。

(3)安全问题。对于医疗这方面容易出问题,最严重的是误诊;除此之外,店铺应将本身的技术摆在第一位,让技术零缺点,才可以避免一些纷争。除了与客户的相处外,宠物不比人,脾气或个性很难控管,尤其是一些比较凶或神经质的宠物，很容易咬伤人。

（4）宠物美容店投资大，回报时间比普通投资项目时间要长。光卖宠物商品利润过低，主要还是依靠美容这块来实现盈利。如果经营不善，损失会比较大。

2.风险的防范

（1）加盟有较高知名度和成熟运营管理经验的连锁品牌，让有成熟经验的公司引导，以增加成功概率和避免由以上种种风险导致的不必要的损失。

（2）为员工购买保险，提高员工福利。

（3）配备专门的兽医，从宠物的习性、喜好、种类、美容技巧等方面定期培训员工，提高自身的专业技能和服务水平，高素质美容师和提供优质的服务是宠物商店的生存之道。

十、新店未来的情景分析

居民生活的不断提高，宠物市场已进入一个高速发展的时期。随着宠物数量的增长，宠物服务的消费需求也不断扩大。

新店选址在××家园附近，××家园居住几千户居民，再加上附近小区及次要商圈带来的经济利益，市场潜力很大。如果我们从服务抓起，建立好优质的品牌形象，不仅占领周围市场，而且要开拓更远的新的消费市场，购入高品质商品，用心服务，加上合理的管理，前景必定乐观。

第六章
店铺装修设计

第六章
店铺装修设计

导语

宠物美容店的装修设计直接影响到用户体验度，所以装修设计在整个宠物美容店筹备的流程中非常重要，创业者在进行设计的时候一定要进行合理的安排和布局。

一、店铺起名

店址选好后,就要给自己的店铺取一个有特色的店名。

1. 店铺名字的重要性

与人的名字一样,店名也是很重要的方面,店名的好坏会给宠物主人的心理造成一定的影响。好听好记的名字才容易被宠物主人记在心里。有的店因为店名有特色,再加上商品货真价实,服务热情到位,就能激起人们的消费欲望,增加回头率。店名在一定程度上已经把店内的信息传播给了宠物主人,如果宠物主人对店名认同了,那他自然愿意在店内消费。

一个别致、通俗、好听、好认、好记、好写的名字才更容易得到宠物主人的共鸣。在经营中,店名通俗与否,是否好认,直接决定了与顾客的距离。如果你的店铺名字大家都认识且朗朗上口,顾客就容易留下印象;而如果你的店铺名字太过冷僻和生疏,那么,一来顾客不认识,不可能把你的店介绍给更多的人;二来就算有的顾客认识,把你的店介绍给他人,而别的人不认识这个字,即使到了店外,也可能因不知道朋友介绍的是不是这家,而不敢贸然进入,只能选择其他的店,这样的结果岂不是适得其反?

2. 店铺起名的技巧

对于想开宠物美容店的创业者来说,在给自己店铺起名时,可参考如图6-1所示的技巧。

选好写的字	好写的字便于设计,比复杂的字更容易吸引顾客的注意。如果店名简单醒目,自然就容易引起人们的注意,进而拉近与客人的距离
控制好字数	店名的字数也有一定的讲究,如果店名太长,顾客就有可能记不住;而如果只有一个字也可能不方便顾客使用。因此,在取名时,最好把名字的长度控制在4~8个字之间
能体现特色	取店名时,要体现店铺特色,根据自己的特色、规模以及主要从事业务内容进行取名

图6-1

| 要朗朗上口 | 要使店名朗朗上口，需注意中国字的同音字很多，不要让店铺与一些不好的意思结合起来。在店名中也可表明店主的身份或名字，这样会给人以亲切感，容易招徕客人 |

| 可富有意义 | 要使名字富有意义，可在店名中表明兴隆平安这样的意义，即使没什么新鲜感，但也容易让人记住 |

| 顺应周围环境 | 如果你开的店铺在"高薪白领"聚集区，为防止店名过时，也可选一些新潮名词。如果店铺周围有许多外国人居住，为了方便外国人，则应在在中文店名下面注上英文 |

图6-1 店铺起名的技巧

很多宠物商店在起名时，总是不忘记在后面缀上"某某宠物商店"，这种店名看多了，甚至会让人感觉有点压抑。其实好的店名往往既有趣味性，也能让人看一次就永远记住，比如"小犬纯衣廊""猫三狗四"等。

二、店面Logo设计

Logo是徽标或者商标的英文，有着对徽标拥有公司的识别和推广作用。通过形象的Logo可以让顾客记住公司主体和品牌文化。

1.Logo表现形式

Logo表现形式的组合方式一般分为特示图案、特示字体、合成字体，具体如表6-1所示。

表6-1 Logo表现形式

序号	表现形式	具体说明	备注
1	特示图案	属于表象符号，独特、醒目，图案本身易被区分、记忆，通过隐喻、联想、概括、抽象等绘画表现方法表现被标示体	

续表

序号	表现形式	具体说明	备注
2	特示字体	属于表意符号，含义明确、直接，与被标示体的联系密切，易于被理解、认知，对所表达的理念具有说明作用	字体应与整体风格一致
3	合成文字	表象表意的综合，指文字与图案结合的设计，兼具文字与图案的属性	

2.Logo性质

Logo具有如图6-2所示的性质。

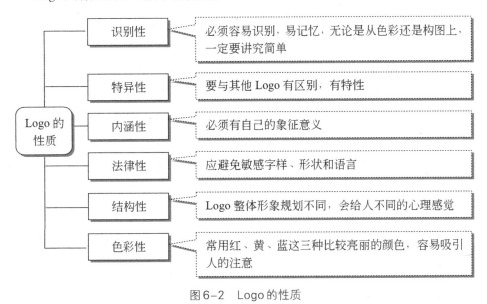

图6-2　Logo的性质

3.Logo设计制作

一般宠物美容店Logo，都是寻找专业Logo设计公司设计制作的。当然，可以将自己对Logo的要求和想法，与Logo设计公司设计人员沟通交流，以便设计的Logo达到自己预先的期望值。

三、店面色彩设计

一般来说，顾客进入店铺第一感觉就来自店铺的各种色彩。因此，在店铺内部恰当地运用和组合色彩，调整好店内环境色彩关系，对形成特定氛围空间能起到积极的作用。

1. 色彩搭配的原则

店铺装修的视觉效果是需要多方面因素支撑的，其中色彩的巧妙搭配以及综合运用就是一个至关重要的方面。色系选择不对，或者色彩搭配不符合大众审美，这样的店铺即使其他因素配合得再好也会给人不忍直视的感觉。具体来说，店主在进行装修时，要遵循如图6-3所示的色彩搭配原则。

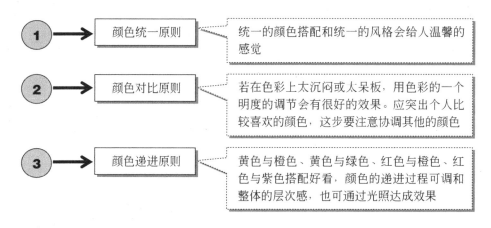

图6-3 色彩搭配的原则

2. 整体色调的选择

一家宠物美容店内部的整体色调是非常重要的。如果整体色调够亮丽，就会吸引客户主动进店观赏以及停留；反之，宠物美容店的内部整体色调太过简单，吸引路人的注意就会非常困难，自然吸引客户主动进店的概率就会变小很多。大多情况下，建议宠物美容店整体色调采用一些暖色调，这样给人一种温馨的感觉，同时宠物也能够感受到一种家的感觉，比如粉红、米黄、浅蓝色。

 开店锦囊

店内的主体颜色最好不超过三个，太多会让人感觉不太美观，最重要的是，一定要和门店经营类型、风格等有一定联系性。

四、店铺外观设计

宠物美容店的外观设计是需要让消费者看第一眼就能够被吸引住，让客户更想进店。

1. 外观设计的原则

从宠物美容店的外观设计可以定位宠物美容店的装修风格是什么样的，所以，要切记宠物美容店外观设计遵循的原则，如图6-4所示。

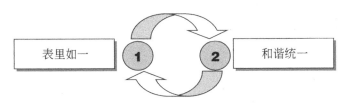

图6-4　宠物美容店外观设计的原则

宠物美容店的外观主要包括招牌、试窗、店面开放程度三方面。这三方面都要符合行业自身的特点，从外观和风格上反映店铺的经营特色，让客人一看就知道是什么店。如图6-5所示为宠物美容店外观设计效果图。

图6-5　宠物美容店外观设计效果图

2. 招牌设计

宠物美容店的招牌要有强烈的对比度，能够在第一时间内吸引到消费者，而且如果宠物美容店在比较热闹的街道，装修一些霓虹灯就显得非常有必要了，而且要保持店面招牌的颜色，增加对消费者的吸引力。

 开店锦囊

店面招牌的字体一定要慎重选择，因为字体是决定装修档次的最主要因素，要保证店面招牌字体与外观设计的颜色搭配和谐。

 相关链接

招牌设计制作基本常识

店面招牌是用来指示店铺的名称和标志，也是一种有效的广告形式，它具有引导顾客、反映经营特色、引起顾客兴趣并加深记忆的作用。

1. 店面招牌的尺寸大小

招牌各个角度的测量与计算，要站在消费者的立场，将实际每个能行走的、骑车的或开车的路径好好地模拟走一遍，最好以开车的速度来计算在怎么样的设计之下可以让消费者更加容易地看清楚招牌。所以招牌最好正面和侧面都要设计，这些不同角度设计的招牌通常是要方便行人观看。招牌字体设计大小要以开车时速40千米且离招牌60～90米可以看到招牌内容为好。司机往往只能花3～5秒时间分神来看标志，因此招牌字型方面需选择辨识度较高的为佳。

2. 选择好招牌种类

（1）横置招牌，即在门店的正门处安置的招牌。一般来说，这是店铺的主力招牌，是最常见的招牌之一。

（2）立式招牌，即放置在店铺门口的人行道上的招牌，用来增强门店对行人的吸引力。

（3）遮幕式招牌，即在门店遮阳篷上施以文字、图案，使其成为店铺的招牌，这种招牌一般比较少见。

（4）广告塔。一般是在店铺的顶端设置广告牌，用于宣传自己的门店和吸引消费者。

（5）外挑式招牌。外挑式招牌距门店建筑表面有一定距离，突出醒目，易于识别。例如各种立体造型招牌、雨篷、灯箱、旗帜等。

（6）人物、动物造型招牌。这种招牌具有很大的趣味性，使门店更具有生气及人情味。人物及动物的造型要明显地反映出门店的经营风格，并且要生动有趣，具有亲和力。

（7）霓虹灯、灯箱招牌。在夜间，霓虹灯和灯箱招牌能使门店更为明亮醒目，制造出热闹和欢快的气氛。霓虹灯与灯箱设计要新颖独特，可采用多种形状及颜色。

（8）平面招牌。包括喷绘、刻绘、手绘等。

（9）立体招牌。包括雕刻、金属字、吸塑等。

（10）亮化招牌。包括灯箱、霓虹灯、LED等。

3.店面招牌内容要求

对于许多中小型的店铺而言，在招牌的设计制作上，可直接反映门店的经营内容。制作成与经营内容相一致的形象或图形，能增强招牌的直接感召力。由于招牌代表了店铺的整个形象，所以其店名文字应该容易理解，读起来不拗口。文字的书写可以根据店铺所销售的商品类型来相适应。

4.招牌颜色对比和风格

栏架或垂吊招牌的色彩必须符合门店的标准色。消费者对招牌识别往往是先识别色彩，再识别店标。色彩对消费者会产生很强的吸引力。首先，根据店铺经营范围不同，可以取不同颜色的招牌。其次，形成对比色彩的亮度差越大，对比度越强，同一种颜色的实焦点处与虚焦点处可以形成对比。一定要能够使整个招牌非常清楚地呈现所有要表达的内容，颜色看起来鲜艳醒目，可以增加它的辨识度。

5.店面招牌照明效果

（1）广告招牌的照明方式。可分为投光灯投射招牌和利用灯光映衬招牌。用高亮度的光线做招牌背景，以实体字遮挡光线，从而清晰地展示店名等文字。尤其在晚上，黑色的夜景能让店铺明亮醒目，增加店铺在晚间的可见度。利用霓虹灯来做装饰，霓虹灯具有活跃气氛、富有动态感等优点，照明效果非常好。选择霓虹灯的颜色应以单色或者较强的红色、绿色、白色等为主，突出简洁、明快的特色，制造热闹和欢快的氛围。利用灯箱招牌也是不错的选择，将店名设计和灯光照明融合一体。

（2）照明条件需注意的事项。招牌设计展示除了要具备良好的照明条件外，还应该注意照明位置和灯具的选择。至于招牌投光的范围，可以根据你想要表达的效果来决定。局部招牌投光可以强调招牌的特定位置，显示整体招牌形象设计的特点，具有强烈的指示性和说明性质，非常适合广告招牌设计上重要部位和精致表现，金属模型器械类招牌的质感表现需要扩散性好，无阴影的照明效果。这些都要具体视内容、类别、特性等，再加以不同广告招牌设计，搭配照明的效果。

6.店面招牌设计与商店整体协调

店面招牌设计应该与整体门店的风格一致，这样才可以增加消费者对门店本身的认知与熟悉感。例如门店基本色如果为黄色，那么店内设计基本色与招牌设计基本色就应该取得一致的协调，甚至宣传发放的DM（直接邮递广告）及名片最好也寻求一致，这样可以强化顾客对门店的印象。

7.广告招牌设计的封边条要求

封边条外表有必要滑润，光泽度适中，不能太亮光或太亚光。最佳为无起泡或很少起泡，无拉纹或很少拉纹。封边条要确保平直，底部和面都要平坦，厚度均匀，否则将导致封边结束后胶线粗重，形成很大缝隙。封边条要有一定的合理硬度，弹性越高，质量越好，而耐磨性越强，硬度太高则不好用，过软可能会降低耐磨性，增加变形可能性。修边后应确保光泽度好，与面色越挨近质量越好。

8.招牌设计制作使用的材料

常用的主要广告招牌设计制作材料有PC板、PVC板、KT板、热板压克力板、冷板、PS板、压克力板、双色板、芙蓉板、铁板、铝板、不锈钢板、钛金板等，可以根据招牌的类型、风格以及设计价格预算来进行选择。

五、店铺内部装修

店铺的内部装饰效果直接影响宠物美容店是否吸引人，是否让人动心。靓丽的室内装饰，可以使环境幽雅明亮，给客人留下好的印象。

1. 装修材料的选择

做好装修首先要选择好的装修材料。目前市场上的装修材料有大理石、塑料、木材、玻璃、皮革等，店主可根据自己的经济情况慎重地选择装饰材料及风格。

2. 装修的细节

一般来说，店内的装潢主要从天花板、墙壁、地板三方面进行考虑，具体如图6-6所示。

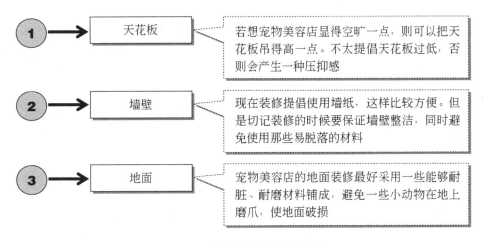

图6-6　内部装修应考虑的细节

六、店铺规划布局

店主在装修宠物美容店之前需要规划好店铺的整体布局，把每一部分都规划好，这样才能更好地利用店铺的空间。

1. 收银台

收银台的位置要设计好，颜色最好是以店面墙壁和门口的颜色相结合，这样会更加美观。收银台最好放在店面最显眼的位置，比如，客户进门能够就看见的位置，这样客户需要付款的时候会很方便。同时，建议收银台上面最好挂上宠物美容店的Logo，这样显得更为正式，也利于店铺推广，如图6-7所示。

图6-7 宠物美容店收银台设计效果图

2.美容接待室

美容接待室是在宠物进行美容时顾客休息的地方,也应该是宠物美容店最吸引人的地方(图6-8),在设计时需注意以下事项。

图6-8 宠物美容店美容接待室设计效果图

（1）接待室最好用墙或其他分割物与工作区分开，阻止顾客进入工作区，以免影响到美容师的工作。

（2）可在房间里放置一些椅子、咖啡桌以及一些关于宠物的杂志和书籍，让等待的顾客可以在此休息。

（3）可以放置一些展示台，出售一些宠物用品，以增加经济收入。展示台也可以放置一些有品位的装饰物。

比如，可以放置一些小犬及幼犬的照片或自己的美容作品照片，获奖照片最容易给顾客留下深刻印象；也可以放置一些缎带，可爱的装饰物和奖品。

（4）接待室放置醒目的价目表是很有必要的，不同大小、类型的犬的价格应该标识清楚，额外的要求，如除跳蚤、扁虱或解毛结等其他服务也应标明价格，这样顾客只需要指明他们要修剪的类型即可。

3. 美容工作区

工作区要布置得宽敞、明亮，要把常用的工具放在手边以保证最大的工作效率。美容桌应该放在房间最明亮的地方，笼子应该安排在离美容桌最近的墙边，以最大的利用效率来摆放，笼子要有不同大小，以放置不同体型的宠物。

如图6-9所示的设计就完美地解决了这一问题。一共三层的排列空间，大大增加了宠物的收纳数量，而每层大小不同的空间容积，也解决了不同体积的宠物所需要的空间不同的问题。同时，明亮的灯光也会为宠物增加安全感。

图6-9　宠物笼设计效果图

安装浴缸时要考虑美容师的身高，一般安在美容师腰的位置是最舒服的，浴缸周围手方便拿到的地方要设置放洗澡材料的架子。

如图6-10所示的楼梯以及大而深的浴缸设计，满足了形体较大的宠物洗澡的问题，让其进入浴缸以及洗澡过程更加便捷，也使美容师操作起来更加方便。而且物品的摆放也整齐有序，使美容师在操作时更加顺手，也使房间看起来整齐。

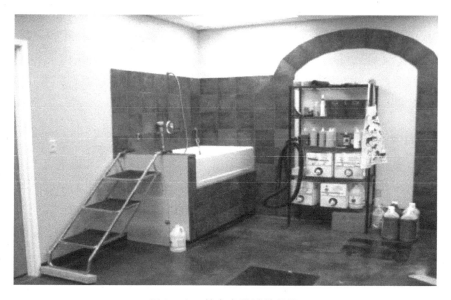

图6-10　美容室设计效果图

4.休息区

如果宠物美容店的面积空间够大，不妨划分一块区域用来做顾客的休息区。宠物美容店生意特别繁忙的时候，就会出现顾客等待的情况。若能够设置一个休息区就能很好地解决这个问题，同时还能让顾客感受到宠物美容店带给他们周到、贴心的服务。

5.店面死角

有些宠物美容店的店铺形状并不是很方正，所以就会存在一些死角。大多数宠物美容店都会闲置这些死角位置。其实可以很好地利用这些死角的位置，比如：放置一些有关宠物美容店的宣传展架、图册，用来提供给顾客欣赏，能够帮助顾客户更好地了解宠物美容店。

开店锦囊

对于那些小面积的宠物美容店来说，一定要充分利用好店铺有限的面积，尽量让店铺的每一平方米都能发挥其最大的作用。

七、店铺功能设计

宠物美容店的设计不能够像传统店铺那样，其装修不仅仅需要美观，而且一定要注重实际的用途。

1. 灯光安排

宠物美容店中灯光是少不了的，对于灯光的选择要合理。一般宠物美容店的灯光主要有白光、暖色光、蓝色光这几种，白光要放在最顶层，暖色光可以放在第二层，暖色光放下面不会影响照亮屋子的白光，最好放在靠下或者墙角，这样衬托的效果才会显现出来。

2. 排风系统

宠物美容店的通风要合理，因为在宠物美容店的经营中每天都会有各种宠物进出，难免会产生一些气味。如果店内的通风设置有问题，那么宠物美容店的气味就会差很多，也很容易把顾客拒之门外。因此，宠物美容店在设计的时候需要特别的注意店铺的排风系统，这样会让店铺的气味小一点，对于顾客也会有很好的体验。

应采用大功率排风扇，而且应多布置一些。

3. 排污系统

对于宠物笼的设计要着重考虑到排污方面的需求。一般的店铺为了利用空间，会将宠物笼子叠起来排放，由于笼子经常会用水去冲洗，所以要考虑好排污系统的设计问题。

4. 电力系统

宠物美容店的电力系统要好，既要提供充足的照明，也要带动电剪刀、吹风设备，在炎热的夏天或寒冷的冬天还要使用空调，所以要对电力系统有良好的规划。

 开店锦囊

宠物美容店中需要用到的大功率电器非常多,因此在装修的时候就要注意电线的选择。

5. 地漏及防滑

店铺的大厅及洗漱区都应设计地漏,因为长时间用水打扫卫生的话,可能会需要排水的地漏,地板砖建议用防滑砖,因为店铺时常因为冲洗地面会有水渍,如若使用玻化砖,容易滑倒。

6. 音乐系统

宠物美容店服务的对象是宠物,但直接打交道的却是宠物主人。不同的音乐对人和宠物有不同的影响。舒缓的音乐会让人和宠物神经松弛,给客人和宠物舒适的感觉,同时也可降低外界带来的噪声污染。因此,在店铺中适时播放一些柔和的音乐,有助于增加宠物美容店的魅力。

 相关链接

宠物美容店装修注意事项

一个好的宠物美容店,不仅要能够满足顾客的多种需求,装修还要有个性,这样才能吸引到顾客。那么,宠物美容店装修有哪些要注意的地方呢?

1. 宠物美容店的装修设计要简单大气

宠物美容店不是其他店铺,装修不必过于华丽,最好是能够简约大气,让人感觉舒适,这样是比较好一点的,太过于华丽会让消费者下意识地忽略店铺内的产品,而且也不容易让顾客记住店铺。

2. 宠物美容店的装修设计要实用

宠物美容店不仅仅是销售宠物用品,很多店铺在经营宠物用品的时候也同时在经营其他项目,比如宠物寄养、美容等,因此不仅仅需要考虑到店铺的美观，更需要考虑到店铺的实用性，这样会让店铺的面积利用率更高。

3. 根据宠物美容店所具有的规模来装修

每位开宠物美容店的投资者都要明确一个问题，那就是好的装修效果虽然是能为店铺的经营锦上添花，但是也不能因为一味地去重视装修而去忽视了店铺的本质。开家宠物美容店如果面积只有20平方米的话却非要装修得富丽堂皇，往往会取得适得其反的效果。顾客一进门感觉像是进错了店，首先就会产生出不信任的感觉。

4. 根据开店的预算来进行装修

如果你开店的预算只有几万元，最好是先将这些钱花在货品、店铺租金、人工等方面。只有宠物美容店的内部"硬件"先做好了，才能带来优质的宠物服务，从而去吸引更多的顾客。等到赚得一定的利润之后再去改善外在的"软件"也是不迟的，到那个时候再装修或许还能为消费者带来耳目一新的感觉，让宠物美容店的生意更上一层楼。

5. 根据总部的指导方案进行装修

如果你是加盟连锁的话，总部会免费为你量身打造开店方案，自然也包括店内的装修等问题。

第七章
开业前期筹备

开家赚钱的宠物美容店
——宠物店经营管理从入门到精通

第七章
开业前期筹备

导语

无论任何事情,都应做好周密而翔实的准备工作,开店也是如此。开店要从点点滴滴做起,要重视开店的每一个细节,尤其是在前期筹备时就要尽可能面面俱到。只有充分重视前期的筹备工作,才能真正为以后的经营铺平道路。

一、开店手续办理

开宠物美容店和其他店铺一样,都需要办理各项证件才能合法经营和正常营业。

1. 工商、税务登记

宠物美容店的店址选好后,就可以去工商局进行工商注册,办理营业执照。可以根据你的需要注册个体工商户或公司。

办理营业执照同时需要在税务部门办理税务登记。目前很多地方实行了"多证合一、一照一码",也就是工商注册和税务登记一起办理,不用去多个部门分别办理。工商注册和税务登记一般需要租房合同及个人身份证,可提前咨询当地工商部门,了解办理流程和需要准备的资料。

2. 注册商标

另外,如果想做好自己的品牌,可以考虑注册商标,注册自己的商标可以在全国范围内对自己的品牌进行保护,并增加投资合股的品牌估价。注册商标时需要提供营业执照。各地都有商标注册服务公司,也可以选择知名的商标代理网站进行商标注册。

相关链接

不同经营项目所需的证件

不同经营性质的店铺,所需的证件也不尽相同。

1. 经营宠物美容和宠物用品

如果宠物美容店经营宠物美容和宠物用品,只需要工商局的个体营业执照和税务登记证即可。在营业范围上注明宠物用品零售和宠物美容,有的地方要求开宠物美容店注明宠物服务。这个因地方不同而有所差别。

2. 经营宠物买卖

如果有宠物买卖的业务,还需要到公安机关办理《犬类经营许可证》《兽医卫生合格证》。

比如,《北京市从事犬类经营活动管理办法》第三条规定:"重点限养区内禁止从事犬类销售、养殖和举办犬类展览。在一般限养区内从事犬类销售、养殖和举办犬类展览,以及在本市开办为养犬服务的商店和医院,必须向所在地区、县公安机关和畜牧兽医部门分别提出申请,报市公安局、市畜牧兽医部门批准后,凭市公安局核发的许可证和市畜牧兽医部门核发的兽医卫生合格证向工商行政管理机关申请营业执照。无许可证、兽医卫生合格证和营业执照的,不得从事任何犬类经营活动。"

如果是自己做犬类活体繁殖,还需要领取《犬类养殖许可证》。

3.经营宠物医疗

《动物诊疗机构管理办法》第四条规定:"国家实行动物诊疗许可制度。从事动物诊疗活动的机构,应当取得动物诊疗许可证,并在规定的诊疗活动范围内开展动物诊疗活动。"

《动物诊疗机构管理办法》第五条规定,申请设立动物诊疗机构的,应当具备下列条件:

(1)有固定的动物诊疗场所,且动物诊疗场所使用面积符合省、自治区、直辖市人民政府兽医主管部门的规定;

(2)动物诊疗场所选址距离畜禽养殖场、屠宰加工场、动物交易场所不少于200米;

(3)动物诊疗场所设有独立的出入口,出入口不得设在居民住宅楼内或者院内,不得与同一建筑物的其他用户共用通道;

(4)具有布局合理的诊疗室、手术室、药房等设施;

(5)具有诊断、手术、消毒、冷藏、常规化验、污水处理等器械设备;

(6)具有1名以上取得执业兽医师资格证书的人员;

(7)具有完善的诊疗服务、疫情报告、卫生消毒、兽药处方、药物和无害化处理等管理制度。

《动物诊疗机构管理办法》第六条规定,动物诊疗机构从事动物颅腔、胸腔和腹腔手术的,除具备本办法第五条规定的条件外,还应当具备以下条件:

(1)具有手术台、X射线机或者B超等器械设备;

(2)具有3名以上取得执业兽医师资格证书的人员。

《动物诊疗机构管理办法》第七条规定,设立动物诊疗机构,应当向动物诊疗场所所在地的发证机关提出申请,并提交下列材料:

(1)动物诊疗许可证申请表;

(2)动物诊疗场所地理方位图、室内平面图和各功能区布局图;

（3）动物诊疗场所使用权证明；

（4）法定代表人（负责人）身份证明；

（5）执业兽医师资格证书原件及复印件；

（6）设施设备清单；

（7）管理制度文本；

（8）执业兽医和服务人员的健康证明材料。

申请材料不齐全或者不符合规定条件的，发证机关应当自收到申请材料之日起5个工作日内一次告知申请人需补正的内容。

二、人员招聘

店铺的竞争，很大程度上就是人才的竞争。现在宠物美容店对宠物人才的要求越来越高，出现了很多宠物专业技术型人才，这都为宠物美容店的发展做出了很大的贡献。对于新开的宠物美容店来说，员工的招聘显得尤为重要。

1. 影响招聘的因素

一个宠物美容店能否吸引求职者前来应聘，取决于许多因素，其中主要有：宠物美容店的目标与发展前景、宠物美容店的形象与声誉、宠物美容店的工资福利待遇、宠物美容店中的培训和提拔机会、宠物美容店的地点与条件及空缺的职位类别等。店主应根据店铺的定位和经营项目来设置相应的职位类别，对上述因素要分别考虑，各有侧重。

2. 招聘渠道

宠物美容店经营者招聘员工的合法渠道主要包括如图7-1所示的三种。

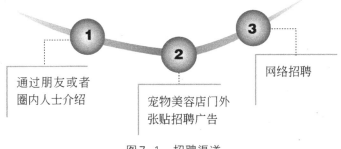

图7-1 招聘渠道

3. 招聘要求

选择了合适的渠道后，如何选择合适的员工呢？一般情况下，宠物美容店的员工应具备如图7-2所示的基本要求。

应聘人员的基本要求
应聘人应具备良好的技术
应聘人应有进取心
应聘人要拥有良好的工作态度
应聘人员要热爱小动物

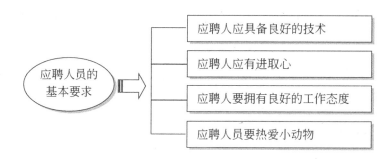

图7-2　应聘人员的基本要求

如图7-3所示为××宠物美容店在网上发布的招聘启事。

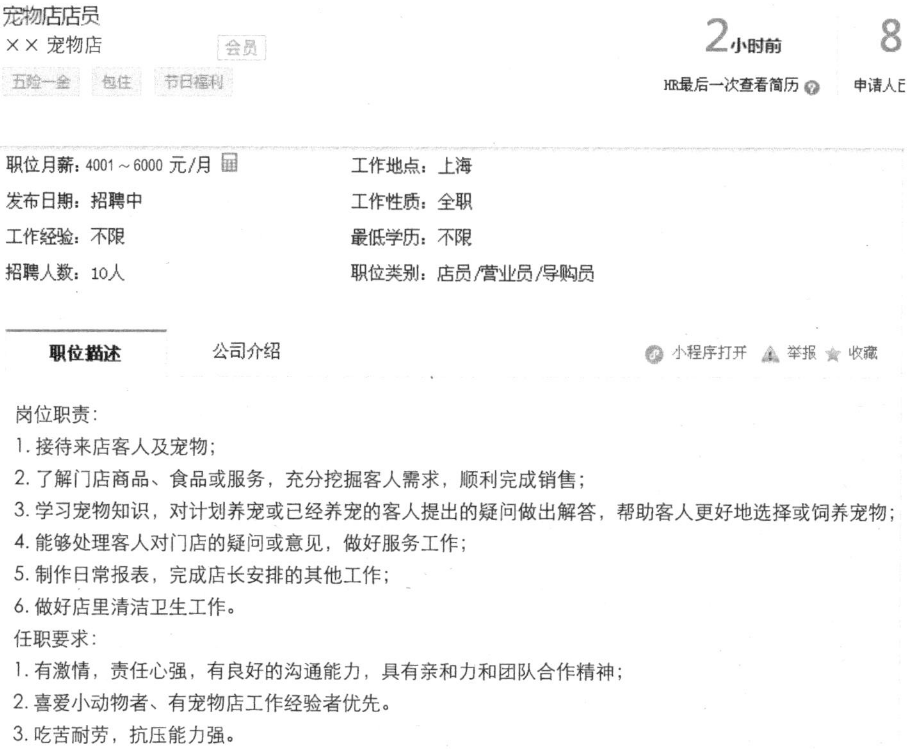

宠物店店员
××宠物店
会员
五险一金
包住
节日福利
2小时前
HR最后一次查看简历
8
申请人E
职位月薪：4001～6000 元/月
工作地点：上海
发布日期：招聘中
工作性质：全职
工作经验：不限
最低学历：不限
招聘人数：10人
职位类别：店员/营业员/导购员
职位描述
公司介绍
小程序打开
举报
收藏
岗位职责：
1. 接待来店客人及宠物；
2. 了解门店商品、食品或服务，充分挖掘客人需求，顺利完成销售；
3. 学习宠物知识，对计划养宠或已经养宠的客人提出的疑问做出解答，帮助客人更好地选择或饲养宠物；
4. 能够处理客人对门店的疑问或意见，做好服务工作；
5. 制作日常报表，完成店长安排的其他工作；
6. 做好店里清洁卫生工作。
任职要求：
1. 有激情，责任心强，有良好的沟通能力，具有亲和力和团队合作精神；
2. 喜爱小动物者、有宠物店工作经验者优先。
3. 吃苦耐劳，抗压能力强。

图7-3　××宠物美容店店员招聘启事截图

如果宠物美容店涉及宠物医疗方面的业务，则需要聘请专业的宠物医师，一定要招聘有实际经验的、有执业资格证的宠物医生，因为这样可以降低出事故的概率，一起宠物医疗事故对于宠物店声誉来说是致命的危害。

如图7-4所示为××宠物美容店在网上发布的宠物医生招聘启事。

宠物医生

五险一金　　包吃　　包住

招 2 人　　学历大专　　经验2年以上

○ ××市××东路567号

联系电话：　　申请职位　　　　159*****221　[查看]

职位详情

职位描述

任职资格：

1. 要求有执业兽医资格证书；
2. 大专或本科以上学历，畜牧医学、临床、护理等专业；
3. 语言表达能力强，口齿伶俐清晰，善于和客户沟通；
3. 具有较强的责任心和职业道德精神；
4. 2年以上宠物医生工作经验。

图7-4　××宠物美容店宠物医生招聘启事截图

4. 面试技巧

招聘广告发布后，不断会有应聘者前来应聘。在这个时候，店主应该怎样慧眼识珠，从大量应聘者中发现谁是真正有潜力的优秀员工呢？一般可按照以下三个原则来选择人才。

（1）考察应聘者是不是真心喜爱宠物，比如放一只宠物狗在他身边，看他对待宠物的态度。

（2）考察应聘者的工作经验和实际操作能力，一般有2年工作经验的人，才能真正熟练操作。

（3）考察应聘者是否具有学习能力和学习精神。

开店锦囊

上述这三点都过关的应聘者，未来很有可能成为一名优秀的员工，甚至优秀的企业管理人员。

三、货物采购

货品经营是宠物美容店经营项目中最基础也是重要的一个项目，那么，宠物美容店该如何采购店里的货品呢？

1. 采购渠道

一般来说，宠物美容店的进货渠道有以下几种。

（1）从厂家直接进货。店主可以联系一些生产宠物用品的厂家，与厂家协商，从厂家进货，这是一种比较安全的渠道，其优缺点如图7-5所示。

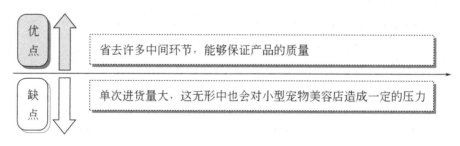

图7-5　从厂家直接进货的优缺点

（2）到批发市场进货。到批发市场进货，一次可以不需要进大量的货，从而可以降低库存积压的风险。但是到批发市场进货，会有如图7-6所示的三个弊端。

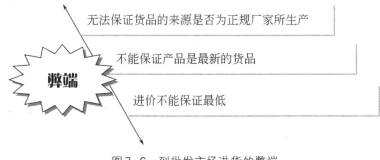

图7-6 到批发市场进货的弊端

（3）从代理商处进货。无论是国外的知名品牌，还是国内的厂商，层层都有自己的代理。一般来说，厂家会把产品销售给代理，然后由代理分发到全国。当然，每层的代理商都要加价，这对创业者来说，无疑增加了进货成本。

（4）加盟连锁店进货。如果是加盟连锁店的话，进货就不必担心渠道问题了。连锁总部一般会提供货源，解决进货渠道的问题。

 开店锦囊

除了上面介绍的几种采购渠道外，创业者也可以参加当地的宠物用品展览会，在展览会上，可以与多家宠物用品批发商或制造厂商建立联系，从而拓宽采购渠道。

2.采购质量把关

进货时要严格把好进货关，要对供货商有个初步了解，了解其是否为合法经营实体，而且进货时至少选择两家以上的供货商，这样做的好处如图7-7所示。

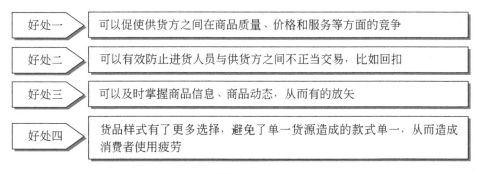

图7-7 "货比三家"的好处

第七章 开业前期筹备

3. 采购注意事项

新手开店，需要慢慢积累经验，在采购货品时，也要注意以下几点。

（1）不能光看价格。就是性价比是否值得或是超值，宠物美容店进货的时候要看价值。在自身销售环境和实力允许的情况下，坚持性价比最高，采购产品的档次也代表着店面的档次和店主的档次。所以店主在进货的时候不能光看价格。

（2）不能光用自己的眼光挑选产品。进货时，不能光用自己的眼光挑选产品，要多比较比较，也要去周围的宠物用品批发零售店铺转转，多去宠物用品批发市场转转，看看别人卖什么货物。店铺进货后是为了销售，不管自己喜不喜欢，好卖就行。这点可以咨询宠物用品批发商或是更有经验的人。

（3）第一次进货不要贪多。很多第一次开店的人因为眼光不准，一次进货太多，导致有些产品滞销，积压太多，影响店铺的资金链。

 开店锦囊

第一次进货后，要注意观察货品的市场反应、货品的利润率以及在一定周期内的销量，以方便日后补货。

（4）注意产品多样化。进货要注意产品的结构，不要单独进某种货品，这些货品会造成宠物美容店丧失大量的运营资金，而且同样的货品，也不利于宠物美容店顾客的选择。

四、开业宣传造势

店铺开业前期宣传工作，做好了对后期的发展有着很好的促进作用。因此，创业者在开业之前，一定要做好宣传工作，这样才能让开业活动效果最大化。

1. 开业宣传的准备工作

新店做开业活动往往是为了赢得客户的关注、提高店铺的知名度，从而推动销售工作。那么，在新店开业的前期宣传中，如何通过独特的、能够吸引公众与媒体视线活动形式的前期宣传就很重要了，只有前期的宣传准备工作做好了，才能保证开业庆典达到后期的效果。因此，创业者在开业前期，要做好如图7-8所示的准备工作。

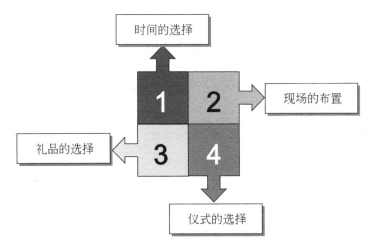

图7-8 开业宣传应做的准备工作

（1）时间的选择。中国人新店开业为图吉利，往往要选择一个合适的日期。店主可以根据当地习俗选择适当的开业日期，但不应该图吉利而忽视其他因素。一般情况下，开业日期可以选择法定休息日等能吸引更多消费者的日子，另外还要考虑天气等客观因素。

（2）现场的布置。开业庆典现场应布置得喜庆祥和，新店应该在庆典前一天完成庆典现场的布置工作。具体的庆典现场布置方案可根据店主的经济状况、店铺的规模自行确定。如果条件允许，应在店铺前悬挂气球、彩旗和条幅等。店内也要适当安放一些宣传标语，还要为出席庆典的嘉宾准备桌椅等。

开业庆典及公关准备主要包括：拟定庆典活动程序；提前通知邀请的嘉宾和剪彩人；优惠卡、礼品、宣传材料、饮品等的准备；剪彩和开幕道具的准备；祝贺物的摆放；开幕式的预演和试营业；安全保卫工作。

（3）礼品的选择。对于新开业的店铺，消费者对你的直接印象就是店铺的装修、产品的种类等。在开业活动期间如能给顾客赠送一些实用的小礼品，往往能给消费者一个很好的体验，促进销售。

（4）仪式的选择。开业仪式可分为以下两种方式。

◆ 促销式开张：促销式开张即利用开张期间对店内商品进行打折，以求汇聚人气、薄利多销。这类开张仪式以销售为目标，视市场情况而定。

◆ 公关式开张：隆重的开张仪式是较大型的公关活动，可以使店铺成为瞩目焦点，制造一定的宣传效果。可邀请当地名流为嘉宾，邀请某某名人主持开业仪式，邀请当地各主要媒体采访并提供新闻背景材料，配合开张典礼在当地报纸刊登广告,安排茶点招待,安排礼品送给来宾,以及为开业当天精彩画面安排摄影、摄像等。

 开店锦囊

开业前夕,创业者需要做好完全的准备,以防出现意外情况无法处理,最终导致宠物美容店的开业失败。

2. 开业宣传的方式

(1)广告宣传。在开一家店的时候,广告宣传最为突出,而且广告宣传的方式也很多,无论是特色的店面广告、路牌广告,还是有声的电台广告,都会有不同的效果。利用广告做宣传,将店里的特色展现出来,继而吸引顾客前来消费。

(2)小区宣传。对于新开业的店铺来说,比较直接有效的方法就是在店铺所在的小区进行开业庆典的前期宣传,具体操作如图7-9所示。

措施一	在开业的前两个星期内,建立专门的宣传小组,与顾客形成一对一的宣传,来寻找和跟踪顾客,同时了解他们的需求和情况,最终将顾客引导到开业庆典的现场
措施二	将宣传小组划分好的同时,所在的小区楼盘,也要分好哪个宣传组负责哪个区域,这样展开竞争后会有更好的效果
措施三	开业庆典小区入户宣传内容包括店铺的简要情况、产品、开业优惠活动介绍以及顾客的信息和意愿收集、邀请顾客入店等

图7-9 小区宣传措施

(3)传单宣传。宣传单页设计要一目了然,活动主题明显。宣传单上要发布的信息包括以下内容:

◆ 开业庆典的具体时间、地点、广告语、联系方式等;
◆ 新店开业活动中的促销优惠活动;
◆ 开业抽奖活动的参加细节和礼品信息;
◆ 店铺的经营项目和特色。

如图7-10所示为××宠物美容店开业的宣传单张。

图7-10 ××宠物美容店开业的宣传单张

（4）媒体宣传。在开业前一个星期，可在本地广播电台、报纸等媒体做开业宣传。这种宣传讲究临时性、集中性，要造势。

（5）朋友圈宣传。通过微信朋友圈做开业庆典的前期预告宣传，当然这样要针对性地去发。

（6）产品宣传。在店内的显眼位置摆放一些产品以及相关资料，利用特色和优势吸引人们的关注。有特色的产品要放在显眼之处，让人们看得到，顾客消费这些产品的成功率就会更高。

3. 宣传造势的方式

新开一家宠物美容店，开业是非常重要的，首先要打出宠物美容店的气势来，比如说开业的时候人山人海，营业额达到多少等，这个气势对于宠物美容店的未来发展是很重要的。基于此，创业者可按如图7-11所示的方式来做好开业的宣传造势工作。

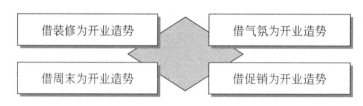

图7-11 宣传造势的方式

（1）借装修为开业造势。很多店在装修期间的促销是一片空白，整个装修期，店门口人来人往，白白浪费了资源，其实这时可以做一个显眼的大喷绘，一个临时性的广告，花费不是很多，广告内容可以是即将开业的品牌形象宣传，也可以是开店促销的一点透露。

还有一种省钱的方法就是拉一个条幅，比如上写"距××宠物美容店开业还有8天"，也是不错的，造成顾客的期待与好奇感，为即将开业造势。

（2）借周末为开业造势。宠物美容店开业时间的选择是很重要的，要尽可能网罗最多的顾客，造成轰动的效果。一般选在周五与周六开业是最好的，因为一周当中这两天是人最有购物感觉的，也是人流量最多的时候；很多顾客是有从众心理，喜欢热闹，喜欢人多。

（3）借气氛为开业造势。开业一定要有开业的气氛，要让顾客知道你是在新开业，可以没有烟花，但一定要有一些花篮，至少要有八个，太少了不行，没有气氛；当然如果条件允许，也可以有拱门。

（4）借促销为开业造势。由于长期养成的习惯，如果开业没有一些促销之类的活动，顾客会不适应，其实并不是要求赠送的商品有多大价值，也并不是要求一定要让利太多，只要让顾客觉得实在就行。

开店锦囊

宠物美容店开业一定要有开业的那种气氛,这样才能够让别人知道是自己的店铺开业了,是做什么的,才会有顾客源源不断地上门。

相关链接

宠物美容店开业前如何做宣传

1.增强品牌意识

观念上树立品牌推广的重要性,品牌宣传不仅对大企业,对小店铺同样重要,同样能产生很好的利益拉动作用。

2.扩大宣传渠道

加大投入,适当利用报纸、电台、电视户外媒体或印发一些宣传资料,把一些促销信息、产品信息及特色服务信息及时传递出去,尤其在销售旺季到来时,更应该这样做,以广泛吸引消费者。

3.注重店名设计

注重宠物美容店店名的设计,力求雅俗共赏,富有亲切性与亲和力,做到从店名上就能吸引人。比如同样是理发店,有的就命名为"××形象设计中心",把对问题的理解上升一个层次;同样是花店,有的就命名为"花无缺",既有来源又耐人寻味;同样是饺子馆,有人就主张"天天过年",把吉祥与美味彰显出来。

4.讲究店面店内装饰

店面是一家店铺的形象,设计得整洁美观会给人留下很深的印象,让人就是闲逛也愿意进去,成为吸引人气的不可偏废的部分。店铺内部多张贴几张产品宣传画,布置出其乐融融的气氛,写出欢迎用语之类,使顾客有个好心情。

5.完善牌匾设计

一个完整的牌匾设计内容应包括店铺名称、属性、经营种类范围、门牌位置、联系电话,还应该有广告语,体现经营理念与作风。当然字的大小可以根据设计需求适当调整。

6.改进与加强服务

除了地理位置处于闹市区的之外,一些店铺的服务对象便呈现出明显的区域性,即有一个辐射半径,应着重通过做好服务,加强与所在社区及周边单位的关系,吸引回头客,作为一种促销手段。

有些宠物美容店店主并不重视自己小店的宣传推广工作,这样,无论在知名度上还是在对顾客的吸引力上,小店都要落后于人,落后就意味着劣势,如果在其他方面没有绝对的优势,小店的经营将越发艰难。

第八章 店内商品陈列

第八章
店内商品陈列

导语

宠物商品种类繁多，形态各异，考虑到商品的档次、目标顾客、店面大小、空间格局上的差异和营销策略等方面的具体情况，各种陈列对象会有非常大的差别。如果能够突出商品的特色和优势，营造良好的氛围，充分展示形象，就能更好地吸引顾客，促进销售。

一、商品陈列原则

对宠物美容店宠物用品的陈列进行系统化的设计、规划，一般要遵循如图8-1所示的原则。

原则一　突出核心或重点商品的特点

比如，对畅销的宠物商品、新型的宠物商品、特色鲜明的宠物商品和正在促销的宠物商品等，在陈列上要与其他商品有所区别，尽量给人以强烈的视觉感受

原则二　突出品牌

标志清晰，广告主动、醒目易于理解和记忆

原则三　讲究艺术手法和巧妙的构思

充分运用照明、背景、道具等造型手段和工具，形成独特的艺术语言、完美的艺术造型、和谐的色彩对比，从而准确有效地表现和突出陈列的主题，使人一目了然、心情舒畅

原则四　强调个性，避免雷同

鲜明的个性化风格，独特的设计创意能让人耳目一新、过目不忘

图8-1　商品陈列原则

相关链接

直击客户心理的商品陈列法

时下流行挖掘客户心理，但我们追踪的是客户买的动作所映射的心理背景，这更多的是通过沟通达成的心理影响。有没有一个办法，可以在客户进店就可以刺激到客户的购买欲呢？其实这与货品陈列有很大的关系。

货品陈列有很多窍门，以下做个心理层面的思考，让货品陈列更贴合人性，让产品陈列的思路更加宽一些。

1. 直击第一印象

货品陈列可以给客人带来什么样的印象决定了客人的购买欲,哪些印象会决定购买欲呢?三个字:多、全、新。

(1)多。单一产品的陈列数量要多,现在较为流行的陈列方式就是一排货架全摆上同一种产品。

(2)全。产品的系列要全,除了极个别针对性强的店面不摆全产品系列外,大部分宠物美容店面都应该摆全系列产品,陈列会帮你"说话",客户会因为选择了合适的产品而不将就感觉到高兴,否则总是用替代的方式销售产品,是留不住客户的,会被别的店的竞争力一击即溃。

(3)新。产品要呈现出新的感觉,除了每天的货架卫生整理以外,位置摆放格局变化也能带来新的感觉,同时店面的灯光也要顾及新的感觉。

2. 打造便捷的感觉

客户最需要的商品,你放在了哪里?是要踮着脚拿?还是要仔细寻找才能找到吗?如果客户在购买的过程中遇到任何一个心理影响,都很可能会导致客户放弃购买。因此,对于客人最需要的商品,我们应该将其放到最容易拿得到的地方。我们有没有思考过这个问题:我们店里最好卖、利润高的商品,有没有放在客人最方便取又最方便看到的地方呢?我们有没有提供购物车呢?

3. 创造美感

宠物类货品的购买者大多为女性,女性的购买心理更倾向于感性,所以在货品陈列中创造美感,更加有利于销售。对于有些女性顾客来说,好看等于质量不错,好看等于我家宠物会很喜欢,好看等于我家宠物爱吃,好看等于我给了宠物最好的。

二、商品陈列方式

宠物商品不仅是宠物美容店陈列和销售的对象,而且也是构成宠物美容店卖场氛围的重要因素。宠物商品的品牌、包装以及陈列位置,是决定整体效果的主要因素,成功的商品陈列,在某种意义上被誉为"静态的推销员"。下面介绍几种常见的宠物美容店产品陈列方式。

1. 分类陈列

根据商品质量、性能、特点和使用对象进行分类,向顾客展示的陈列方法。它可以方便顾客在不同的花色、质量、价格之间挑选比较。

2. 主题陈列

给宠物用品陈列设置一个主题的陈列方法。可以猫粮为主题,或是宠物服装为主题等。主题应经常变换,以适应季节或特殊事件的需要。

如图8-2所示为××宠物美容店在圣诞节前夕以狗粮为题的陈列效果图。

图8-2 ××宠物美容店在圣诞节前夕以狗粮为主题的陈列效果图

开店锦囊

主题陈列方式能使宠物美容店创造独特的气氛,吸引顾客的注意力,进而起到促销商品的作用。

3. 整齐陈列

整齐陈列是指按货架的尺寸,确定商品长、宽、高的数值,将商品整齐地排列，突出商品的量感，从而给顾客一种刺激，整齐陈列的商品通常是店铺想大量推销给顾客的商品，或因某些因素顾客购买量大、购买频率高的商品等，比如宠物食品、玩具等。

如图8-3所示为××宠物美容店宠物食品的陈列效果图。

图8-3　××宠物美容店宠物食品的陈列效果图

4.定位陈列

指某些品牌用品一经确定了位置陈列后，一般不再进行变动。需定位陈列的商品通常是知名度高的名牌商品，顾客购买这些商品频率高、购买量大，所以需要对这些商品给予固定的位置来陈列，以方便顾客，尤其是老顾客。

 相关链接

宠物服装的陈列方式

1.分类陈列

即根据宠物服装的品种、颜色、规格、档次等分别陈列。如泰迪装，现在有四种体形分类代号表示，每一种型号的宠物服装又可以按照胸围、腰围或身高由小到大排列；再如款式，可以按照颜色的不同进行陈列，如黑色系列、白色系列、彩色系列等。

2. 主题背景陈列

按一定主题展示宠物服装，使销售卖场形成特定的氛围或情绪。例如结合某一特定节日或事件，集中陈列适时的宠物服装；或者根据商品的用途，在一个特定环境中陈列宠物服装。

3. 特写陈列

即通过各种形式，采用烘托对比等手法，突出宣传陈列一种宠物服装。宠物服装公司在推出迎季新款宠物服装时，常采用特写陈列的形式，如利用特殊光源照射或摆在明显位置，突出重点宠物服装。

4. 整体陈列

目前一些宠物美容店热衷于这种陈列方法，即不是严格地以分组、分类展示商品，而是以展示宠物服装完整的总体效果为主。

5. 挂架陈列

宠物服装展示需要各种挂架，挂架的主要功能性用途即整洁地悬挂或展示宠物服装。不同的店可以根据情况选择挂架，如滑动的、分体的、可伸缩的等。注意挂架的造型、性能、色彩要与展示的宠物服装相一致。

6. 柜式陈列

用来展示需要一定承受力的或一些带包装商品，如宠物毛衣、宠物衬衫等。

7. 抛售陈列

当处理断码或过季宠物服装时采用的一种低成本的陈列方式，即将宠物服装成堆放在各式"花车"上，消费者可以随意挑选。这与整洁、精心设置的陈列不同，是低价便宜的一种氛围，主要用于宠物服装处理时的陈列。

三、商品摆放的规则

合理地摆放商品可以起到展示商品、刺激销售、方便购买、节约空间、美化购物环境等各种重要作用。据统计，店面如能正确运用商品的配置和陈列技术，销售额可以在原有基础上提高10%。宠物美容店在摆放商品时，可参考如图8-4所示的陈列规则。

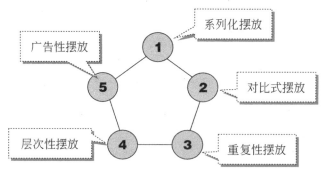

图8-4 商品陈列的规则

1.系列化摆放

系列化摆放是指通过精心地选择、归纳和组织，将某些商品按照系列化的原则集中在一起陈列。系列的归类和组织可以有不同的方法，如图8-5所示。

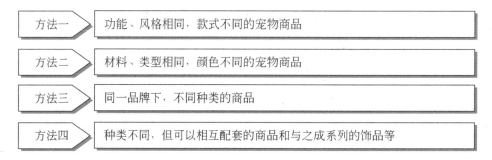

图8-5 系列化摆放的归类方法

系列化摆放通过错落有致、异中见同的商品组合，使顾客建立全面系统的印象。

2.对比式摆放

对比式摆放是指在宠物商品的色彩、质感和类型上，或是在设计构图、灯光、装饰、道具、展柜、展台的运用上，采用对比式陈列，形成展示物间的反差，达到主次分明、相互衬托的展示效果，从而实现突出新商品、独特商品、促销商品或专利商品等主要商品的目的。

对比式摆放中心突出，视觉效果明显，使被摆放的商品大大加强了表现力和感染力。如图8-6所示为××宠物美容店不同宠物食品的对比式摆放效果图。

图8-6 ××宠物美容店不同宠物食品的对比式摆放效果图

3.重复性摆放

重复性摆放是指同样的宠物玩具、宠物食品或标识、广告等，在一定范围内或不同的陈列面上重复出现，通过反复强调和暗示，加强顾客对商品或品牌的视觉感受。

重复性摆放使顾客受到反复的视觉冲击，从而在感觉和印象上得到多次的强化，并有该商品是唯一选择的暗示作用，可使顾客留下十分深刻的印象。

4.层次性摆放

层次性摆放是指将同一卖点的不同商品、同一品牌的不同产品和消费需要的不同商品，按照一定的分类方法依次摆放，使顾客能迅速确定自己的购买目标，方便快捷地选择和购买。按不同的要求，可以分为不同的层次，如图8-7所示。

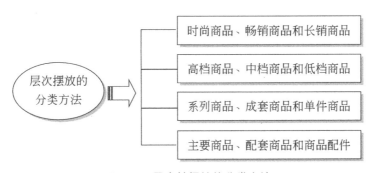

图8-7 层次性摆放的分类方法

层次性摆放分类清晰、主次鲜明、标识突出，可以吸引不同类型的顾客，方便顾客比较和选择，容易营造出热烈的气氛。

5. 广告性摆放

广告性摆放一般比较适合宠物玩具、促销商品和利用设计师或形象大使进行宣传推广的商品。这种方法主要起到广告宣传的效果，其目的是吸引顾客对宠物美容店品牌或商品特点的关注，加深顾客对宠物品牌的理解，并使顾客产生极为深刻的印象。

广告性摆放形象生动，具有一定的视觉冲击力和强大的宣传推广作用，有利于形成宠物美容店品牌联想和加强宠物美容店品牌认知。

四、商品展示技巧

顾客进店以后，店铺给顾客的第一感觉很重要，这当中，店内商品的摆放起着关键的作用。随着社会的发展，现在宠物用品的样式也是丰富多彩的，对于一个懂得经营宠物美容店的人来说，宠物用品的展示也是吸引顾客的一种方式。具体可参考如图8-8所示的商品展示技巧。

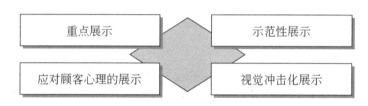

图8-8 商品展示技巧

1. 重点展示

每一类商品都有其不同的特征。表现商品特征的一个有效方法就是将同类商品按不同方式集中组合起来，构成几何图形。不同的商品系列还可用不同的底板作陪衬，以强化美感效果。

如图8-9所示为××宠物美容店重点展示的效果图。

2. 应对顾客心理的展示

有时，顾客最关心的并非是商品的价格，而是其内在的品质。

比如，用大幅图片展示一袋正在倒出的宠物食品，这样的效果显然没有让顾客的宠物品尝食品的情景效果好。

因此，在商品展示之前，首先应弄清楚顾客对该种产品已经了解了多少，最想得到的是什么。

3.示范性展示

有些商品尤其是一些宠物的日用品，顾客对其功能已十分了解，因此，能向人们介绍的是这些商品的实用性。对于宠物纺织品、宠物清洁用具等普通商品，应让顾客知道其制作原料，并按日常使用的方式展示在人们面前。

比如，佩带在宠物身上的饰品要比放在玻璃柜里的饰品更耀眼夺目，如图8-10所示。

图8-9 ××宠物美容店重点展示的效果图

图8-10 示范性展示效果图

4.视觉冲击化展示

有些在日常生活中经常遇到的小件宠物商品在陈列时一般不会引起人们的注意，用一些夸张的表现手法可以增强这些宠物商品的视觉效果。

比如，一张放大的宠物照片就能使顾客感觉新奇而又富有吸引力，如图8-11所示。

图8-11 视觉冲击化展示效果图

第九章
店内经营管理

开家赚钱的宠物美容店——宠物店经营管理从入门到精通

第九章
店内经营管理

导语

虽说宠物美容店的市场前景可观,消费者对宠物美容店的需求量大,有些宠物美容店的生意也很火爆,但是开一家宠物美容店,想要自己的店铺能够获得可观的利润收益以及长足的优势发展,店主必须在经营和管理上下功夫才行。

一、做好价格定位

对经营宠物美容店的广大商家们来说,产品定价是一种技巧,更是一种艺术,在不同的阶段有不同的方法。一般根据宠物美容店产品特点、品牌知名度、产品消费群的收入和竞争对手的产品价格来定价。如今很大一部分消费者尤其看重产品价格,价格合理的话,就会促进消费。

1.影响定价的因素

商品销售是宠物美容店经营最基础的一个经营项目,也是最吸引消费者的一个经营项目,但是在宠物商品这一方面需要做好,主要的就是商品价格,影响宠物美容店商品价格的因素具体如图9-1所示。

图9-1　影响宠物美容店商品价格的因素

(1)竞争因素。定价时要考虑同类商品和服务的价格水平,看同行的价格如何,然后再根据自己的特色确定价格,如果你的店铺在某个城区是独一无二的,那你的定价就可以稍微高一点,如果附近同类店铺很多,价格就不能超过其他店的价格。

(2)市场大小。决定卖某种商品,一定要考虑销售市场的大小,确定自己的宠物主人群体,了解宠物主人喜欢什么,讨厌什么,这样在定价上才会有利。同样,为宠物提供洗浴美容护理和寄养服务时,也要先了解市场大小,如宠物美容护理店开在非常繁华的高档地区,则可以适当调高价格。

(3)店铺地址。店铺所在地址对价格的影响是最大的,如果处在黄金地带,地段好,租金贵,价格也要高一些,才能收回成本;如果地段差,租金相对便宜很多,相同的商品就要用比较便宜的价格来卖,才能受到顾客的垂青。

(4)顾客购买心理。顾客挑选商品首先考虑的是店铺的特性和形象,然后才做出购买的决定,因此,在定价时,要考虑顾客购买时的心理。如他们对环境的要求比较高,就会选择形象好一点的店铺,价格即使高一些,也不会在意。

如果你出售的是大众化商品，这类客人主要讲究的是价格便宜、实惠，因此，定价就要低一些，如果价格太高，就只会"吓跑"顾客。

（5）门店形象和服务质量。门店形象好，服务质质量高，宠物主人愿意来你的店消费，店内商品的价格和服务的价格就可以适当高一些。

（6）店铺周围人文环境。定价与小店周围的人文环境息息相关，如果小店吸引的是文化层次较高的顾客，则他们宁愿多花一点钱，也要使自己的宠物消费得舒适。这时即使价格稍高一些，宠物主人仍然可以接受，并且认为花得值；反之如果小店吸引的是"实用型"的宠物主人，他们对店铺的布置装潢没有讲究，这样的店铺商品价格就要稍微低一点，以讲究实用为主。

 开店锦囊

在确定宠物美容店商品的价格时，应该注意以上这些，还需要多考察，分析当地的消费水平，最终确定宠物美容店商品的价格，这样会更容易发展。

2. 定价的策略

在这个竞争日趋激烈的市场中，宠物美容店保持价格的优势是赢得胜利最直接的方法。首先要从渠道的源头做起，减少中间环节，大量直接采购，争取厂家让利、优惠等，总之要千方百计降低成本。在这个前提下，采取灵活的价格策略，吸引消费者购买，具体如图9-2所示。

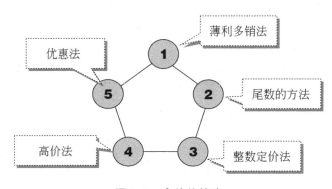

图9-2　定价的策略

（1）薄利多销法。薄利多销就是在商品和服务的定价上采用相对低廉的价格来满足顾客的心理，从而扩大市场占有率，赚取利润。薄利其实只是一个相对的概念，在商品市场上商店既要面对顾客挑剔的眼光，同时还要面临市场上同类商品的竞争。在这样的情况下，一些商家为赢得顾客，扩大销路，在质量优良的情况下，就采用低价的方法。

薄利看似没什么利润，实际上吸引了顾客，扩大了销售量，商品的市场占有率提高了，商品的销售增加了，商店当然可以赚取更多的利润。薄利多销，还可使资金周转加快、资金利用率增加。

（2）尾数的方法。这种方法可以刺激顾客的消费欲望。这种定价的方法是因为很多顾客认为同样的商品，存在尾数的价格比整数价格低。

比如，一家商店商品的价格定为19.8元，另一家的价格为20元，定价为19.8元的那一家肯定比定价为20元的那一家卖得好。因为很多顾客会自觉地省略后面的尾数，在顾客的心理上，19.8元的商品价格是10元左右，10元与20元间相差10元，当然顾客愿意选择买定价19.8元那一家的商品。现在很多商家就是抓住顾客的这种心理进行定价的。

（3）整数定价法。整数定价法是相对于尾数定价法而言的，就是把价格全部设定为整数。整数定价法比较适用于高档次的店铺，宠物主人不用为准备零钱而烦心。

（4）高价法。高价法是指把商品的价格定得比较高，以高价让店铺在短期内大量盈利。这种方法比较适合那些新推出的商品。在商品投放市场的初期，没有什么竞争对手，因此即使把价格定高一点也没有关系。

（5）优惠法。在经营的过程中，价格并不是定了就不能再调整了。在定价时，也可以根据市场的情况采取一些优惠政策。

比如，宠物主人购买的商品多，或是经常光顾的老客户，就可以适当打点折，给予适当的优惠。

相关链接

宠物美容店如何给商品定价

1.错觉定价

例如，宠物美容店内的宠物食品一直卖3千克装，定价53元，突然增加一种2.5千克装的，定价45元，一时间非常畅销。因为消费者大多对价格的敏感远远高于重量。仔细算一下会发现，其实后者不如前者实惠。

2. 商品调价

在商品调价的时候，用红笔把原来的印刷价涂掉。旁边用黄色笔或者黑色笔写上新价格，这种方法简单有效，它是利用消费者心理定价的一种策略。其妙处在于：原标价是印刷的数字，往往给人一种权威定价的感觉，而手写的新价，则会使消费者感到便宜，有诱惑力。

3. 季节折扣

此方法被商家大量使用，走在大街上，总会发现"大清仓""大甩卖""换季大处理"等字样。此方法不宜使用过频，注意要有新意。

4. 促销活动

促销是店铺赢得消费者的最有效的手段之一。常见的有打折、抽奖、赠送礼品、会员活动等多种促销方法。打折、抽奖、赠送礼品最好面对某一款产品或某一时段进行，而会员活动可常年进行。可给每位新来的顾客办理会员卡，通过会员卡积满一定的分数送礼品或打折。

将促销产品集中陈列，可以划出促销区，促销的陈列量一定要大，可以比平时的陈列高一些、密一些，制造卖点，如"百元区""特价区"等。

二、优化商品结构

大多数的宠物美容店是以服务项目（包括美容、洗澡、驯犬、医疗等）为主，作为商品的销售，被更多地定位为附属消费品，但正是这个附属消费品的销售额却会占到门店销售额的35%～40%。这就说明，店里将近一半的营业额还是需要靠商品来打造的。那么，如何打造更有竞争力的商品结构呢？这就需要店主在日常经营中，根据实际情况不断优化货品结构。一般来说，门店的商品是由如图9-3所示的四种类型组成的。

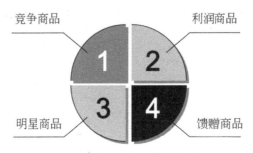

图9-3　门店商品结构类型

1. 竞争商品

竞争商品就是我们常说的大众商品，或是被大多数人所认知的"品牌"商品，这部分商品的采购渠道很多，每个宠物美容店的经营者都能采购得到，但你的店里如果全是这些商品，就肯定赚不到钱，所以很多自营店做了很长时间却发现，东西没少卖，算下来并没有利润，因为这些商品在每个宠物美容店都有销售，同质化现象非常严重，销售又只有一个策略——价格战。

因此，这类商品最好不要超过商品结构的10%，经营这类商品的目的也只有一个，就是拿来打价格战用的。对这些商品的定价，应尽量比市场上其他店的价格便宜，即使不赚钱也行，目的就是要让顾客直观地看到，我们店的商品价格是远低于其他店面的。

2. 利润商品

利润商品，顾名思义就是高利润、无竞争的商品。这类商品最好是你的门店独家经营（比如加盟连锁店独家生产的商品），或者是有特殊的进货渠道能降低进货成本（比如直接从厂家进货）。

一家门店如果能有60%以上的利润商品，就可以把利润权掌握在自己手中。然后，再通过服务项目的引导，来促进利润商品的销售，就可达到高额的利润。

3. 明星商品

明星商品的意思就是像明星一样传播，达到家喻户晓的效果。这部分商品拥有超低的零售价，超高的品质，让顾客忍不住购买的欲望。一旦购买，那他回去用了以后，想再买，就必须来你的店，因为这类商品只有在你的店才有销售。用得好的产品，顾客也会向朋友推荐，你的门店就像"明星"一样迅速传播，并绑定客户。

4. 馈赠商品

馈赠商品，顾名思义，这类商品就是我们所说的"赠品"。但这类赠品，最好是各类新品的试用装，或是印有门店商标的吉祥物等，用这些商品当作礼品送给顾客，会给顾客额外的惊喜，还会产生再次销售。

三、及时安排补货

在宠物美容店经营的过程中，商品是在不断消耗的，为了让消费者能够更加及时地买到自己想要的商品，宠物美容店必须要在商品售罄之前，做好货物的补充。因此，补货在宠物美容店的日常经营中就是一项非常重要的工作。但是，店中的每种商品并非是相同的销售速度，因此经营者应该制定相应的补货的原则，这样才能确保店中商品的数量一直处在正常的范围之中，具体如图9-4所示。

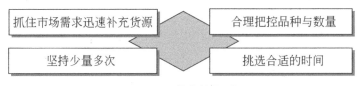

图9-4 补货的原则

1.抓住市场需求迅速补充货源

店主要学会抓住市场需求迅速补充货源，并且持续销售到势头减弱或者该款销完为止。因为热销款式一旦赢得市场认可，销售额便会屡创新高，从而带来更大的利润。

那么，如何抓住市场需求呢？这就要求在你卖产品的同时要学会"听""看""访""查"，具体如图9-5所示。

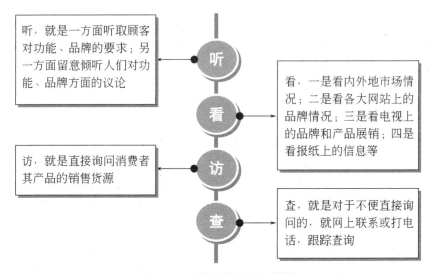

图9-5 抓住市场需求的措施

通过上述方法，经营者一旦掌握了信息，就要抢时间进货，捷足先登。

2.坚持少量多次

每次进货要坚持少量多次，既避免万一销量不好而压货，也有利于随时调整进货方向。

另外,如果你经常到供货商那里去补货,即使数量不多,供货商还是认为你的货物周转快,能够为他带来长期的效益。这样的话,就会与供货商形成良好的合作关系,一旦有新货上市,供货商也会尽快通知你,而且可能下次进货的时候他会自动把价格调整下来。如果供货商认为你是他的重要客户,一般都会向你透露近期哪类商品热销。

3. 合理把控品种与数量

由于产品本身季节性强,销售淡旺季明显,且储存条件严格才能够保存品质,更兼之产品品种繁多,因而我们在进货方面就应该慎重对待,进多了没地方保存且占有空间;进少了,顾客想买产品又没处买,把握好度很重要。这就要求经营者在进货时要有十分灵活的头脑,千万不要为了图省事一下进许多货,一定要根据店铺经营规模的大小、上年度的销售量,具体了解市场动态,预测当年的销售情况,以便适当进货。

4. 挑选合适的时间

店主应控制好店铺进货的时间,在周末、节假日等生意忙的时候不应该出去进货或者补货上架。如果有促销活动,应该在促销活动前进货。

四、前期经营要点

前期想要盈利较为困难,只有在做好自身的品牌,打响自己店铺的名气以后,盈利才会变得轻而易举。对于刚开业的宠物美容店来说,前期经营应注意如图9-6所示的几个要点。

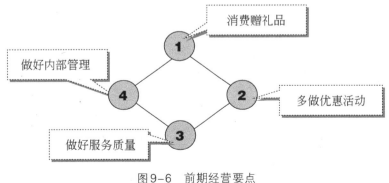

图9-6 前期经营要点

1.消费赠礼品

有时候赠品不需要多贵重，优惠券、小饰品等，成本不过几块钱，但是却可以喜迎更多的顾客前来。这无疑也是营销的一种手段，有时候一些小的礼品却可以获取大收获，尤其是开业初期更需要这样的小举动来吸引顾客。

2.多做优惠活动

如今人们对于优惠十分看重，不论是买什么东西，似乎人们都喜欢说句"太贵了，便宜点"，宠物美容店开业初期我们也可以做一些优惠活动让周边的群众感到十分优惠，如：充值赠送，每日前三名宠物美容优惠，这些都是吸引顾客的方法。

3.做好服务质量

我们都知道人的第一印象十分重要，对于宠物美容店来说，刚开业周边的群众对于店铺的了解较少，刚开始可能会有不少顾客图个新鲜劲来光顾一下，这时我们更应该做好自身的服务质量，让顾客感到服务效果好，自然这批顾客也将成为我们的"活广告"，一传十，十传百，也可以帮我们吸引更多顾客的前来，对于日后的经营也将是大为有利。

4.做好内部管理

前期店铺刚开张，内部人员都不是十分熟悉工作，做好工作的调配，内部的管理，运营起来才会有条不紊，同样也会让顾客看起来更加正规，更能得到消费者的信赖。

五、注重经营细节

宠物行业虽然利润很高，但也需要好好经营才能产生利润。对于宠物美容店来说，在店铺的经营过程中，应注重如图9-7所示的经营细节。

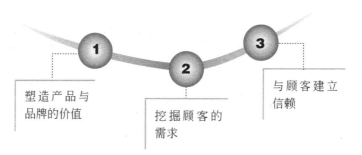

图9-7　宠物美容店经营应注重的细节

1.塑造产品与品牌的价值

简单地说,顾客为什么要购买你的商品呢?首先就是你的产品有价值,品牌值得信赖。因此在开店的过程中,需要塑造好产品和品牌的价值,让顾客知道,来宠物美容店消费是值得信赖的或者购买这件商品是值得的,就算贵一点,我也非常认可。

2.挖掘顾客的需求

你的顾客想要什么,或者你可以为顾客提供什么帮助或者服务?明白这些才能够更好地发展自己的宠物美容店,帮助顾客做好服务可以让顾客认可自己的宠物美容店。

比如,顾客需要宠物粮食,宠物美容店有,顾客就会非常满意;顾客想要给自己的爱宠美容,宠物美容店可以做到,顾客就会非常满意;顾客想出门,要寄养宠物,宠物美容店有寄养的服务项目,顾客就会非常满意。长期下来,顾客还会找其他的宠物美容店吗?

3.与顾客建立信赖

要让顾客信任自己,在宠物美容店里消费非常放心,不必担心购买到假货或伪劣产品;给宠物美容洗澡、寄养很放心,不必担心出现问题。做到这些很难也很简单,用心就可以,周到的服务会让你的宠物美容店越来越有知名度、美誉度,一个值得顾客信赖的宠物美容店必定是能够发展壮大的宠物美容店。

 相关链接

宠物美容店的经营理念

1.顾客是"上帝"

开宠物美容店不能以自己的观点为主,自己觉得好没有太大的用处,只有顾客觉得好才是最有用的。宠物美容店的经营要以顾客为中心,以服务顾客为己任。

2.质量是生命

质量就是宠物美容店的生命,如果宠物美容店的商品是假货,那么宠物美容店的经营也会寸步难行，不仅仅是顾客不再上门消费，而且宠物美容店卖假货的消息也会非常快地传出去，对于宠物美容店的声誉是一个非常大的打击，所以在宠物美容店进货的时候，一定需要把控好宠物美容店的产品质量。

3.宠物是主导

宠物美容店是以宠物为主题的店铺，所以在宠物美容店里一切都需要以宠物美容店为主导，每一位进入宠物美容店的顾客都希望自己的宠物宝贝能够得到最好的服务，无论是宠物的食品和用品，还是宠物的美容等服务，都要保证是优质的，注重宠物的健康，才会更加让顾客信赖宠物美容店。

六、加强员工管理

在现代企业中，优秀的员工就是第一生产力。特别是很多宠物行业已经越来越需要技能，越来越需要学习能力。如果具有优秀工作经验的员工一旦辞职，将会是宠物美容店非常严重的损失。对此，店主可以采取如图9-8所示的措施来加强店内员工管理。

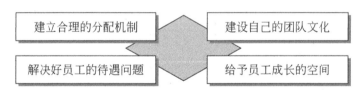

图9-8 员工管理的措施

1.建立合理的分配机制

本着公平、公开、公正的竞争机制，员工干得好、干得多就应该拿得多，有相应的奖励机制。店主应该不断提高员工的专业素质和沟通能力，确实做到人尽其才。

2.解决好员工的待遇问题

店主必须坚持准时给员工发工资，这样才能稳定人心。可以采用底薪加提成的办法来帮助宠物美容店实现利润的不断提高，激发员工的积极性。在宠物美容店收益好的同时，员工收益就好，员工和宠物美容店是利益的共同体。

3.建设自己的团队文化

宠物美容店应该有自己的团队文化，根据店铺的具体情况，进行店铺文化建设。聚餐、游玩都可以成为一种文化。宠物美容店里面的每个人都是创业的基石，只有大家共同努力才能营造更好的团队气氛。

4.给予员工成长的空间

店主一定要不断给员工提供学习和上进的机会，千万不能怕员工成长，而限制他们不断成长的空间。

可以对店里员工进行专业知识的培训，让员工未来对客户能提供更专业的服务。培训的内容也是丰富多彩的，从基础的犬种知识，到宠物营养学，到产品营养，到洗护操作，从技术熟练到客户接待，每个细节都是理论和实操相结合，让员工随时随地都能提升自己的能力，觉得有发展的空间，从而干劲十足。

开店锦囊

开宠物美容店管理好员工非常重要，保持队伍的稳定性对于宠物美容店会员的积累有着实际意义。

相关链接

员工管理的细节

现时有很多店主也许都还会这么认为，员工算什么？不就是我出钱，你干活，如此而已。其实，我们需要忠实的顾客、最佳的顾客，更需要忠实的、最佳的、真正属于自己的员工。一个店铺就算拥有再好的品牌、质量、顾客，但如果没有好的员工去维护，去齐心合力奋斗，也不能长久盈利。可见，员工管理对一个店铺来说，有多重要。

对于店主来说，可以从感情、民主、自主、文化这四个细节来管理员工。

1. 感情

要知道每个人都有很强的自尊心，他们都需要尊重、信任和鼓励。而每个人都希望自己有用，自己很重要。所以我们要关注他们的内心世界，根据各人的倾向和可塑性来晓之以理、动之以情地去激发他们的积极性。要经常关心和倾听他们的一切，保持经常沟通，要诚心诚意地去表扬他们。要使每一位员工都有一种被重视的感觉，都觉得自己是店铺不可缺少的人。另外，合理的物质和精神回报是员工为企业努力的源泉。

2. 民主

有些决策尽量要让员工参与，店内的大事要让员工清楚。并且要经常听员工们对店内的建议，要把他们的意见当回事。要让他们感到自己也是某一个决策中的一分子或出了力。

3. 自主

就是让员工自己管理自己，可以下放权力到各个班、组，依据店内的目标或一件中心任务，让他们自己制订计划，自己去实施，自己去控制和检查，自己总结。这样可以使每一位员工工作时心情舒畅，更有利于充分发挥他们自己的能力和才智，去创造更多更好的工作业绩。

4. 文化

要使员工的凝聚力和向心力增强，那就要为其创造能提供精神和物质的一个港湾。比如，过年过节、员工生日大家一起欢聚、一起庆祝，这样还有利于团队精神的建设。在业余时间尽量能为员工提供活动场所，也应该购买些书籍等资料，为员工创造一个健康向上的环境，这样才会使企业更具有生命力。

七、环境卫生管理

环境对宠物美容店工作的影响巨大，一个杂乱无章的宠物美容店是无法吸引顾客的。对于宠物美容店来讲，卫生管理是关键，你的店面内如果味道大的都进不去人，怎么会有顾客呢？对此，宠物美容店经营者可以从以下两个方面来加强店铺的卫生管理。

1. 营业前的检查

经营者应按安排专人于每天营业前检查店铺内外环境。检查范围如图9-9所示。

范围一	各区域是否于前一晚整理干净，如有不适之处应立即处理
范围二	各类设备是否整洁，如电话机、传真机、收银机等，需每日擦拭干净
范围三	桌椅是否清洁及整齐
范围四	门前走道是否清理干净
范围五	各项物料是否准备充分

图9-9　营业前的检查范围

2. 营业中的维护

在营业中，经营者应要求员工随时维护好店内的环境卫生，其要求如下：

（1）注意服务管理及店铺禁忌；

（2）注意机器设备的控制；

（3）注意各类原物料、商品是否足够，并应事先备妥；

（4）随时将顾客放乱的商品放回货架上并排列整齐；

（5）经常打扫和消毒洗浴间及美容桌、美容器具等。

（6）要注意经常保持店铺地板的清洁；

（7）擦拭玻璃时，使用玻璃清洁剂或刷子，并在弄脏时，随时擦净；

（8）下雨天要注意门口，弄脏了要随时清理，拖地时不能太湿，以免顾客滑倒；

（9）门口须放置踏垫，门口、走道应经常打扫，走道上有废弃的包装物或垃圾时要随时清理；

（10）及时清理垃圾并打包放置在指定地点；

（11）扫帚及拖把应放置在指定的地方等。

 开店锦囊

　　环境是消费者选择宠物美容店消费的重要标准之一，脏乱差的宠物美容店是不会受到消费者喜欢的，所以宠物美容店的卫生需要保持好。

第十章 店面促销推广

第十章
店面促销推广

导语

开店不代表一成不变地守店,就如同在开店之初需要做好各项准备工作一样,开了店也不代表可以不再操心。要想有好的生意,促销活动是必不可少的经营手段之一。一种成功的促销手段,肯定是能符合商家自身利益同时也符合消费者消费理念的。

一、店铺促销的目的

促销就是营销者向消费者传递有关本企业及产品的各种信息，说服或吸引消费者购买其产品，以达到如图10-1所示的目的。

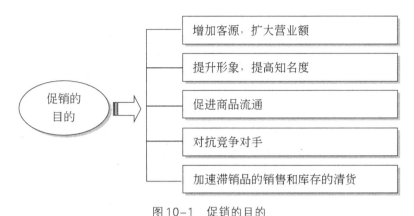

图10-1 促销的目的

1.增加客源，扩大营业额

店铺促销最直接的目的就是短期内迅速提高销售量，扩大营业额并提升毛利额。营业额来自来客数与客单价，店铺可以通过促销活动稳定既有顾客并吸引新顾客，以提高来客数。如果来客数短期内无法增加，或者顾客群过于集中，则促销的诱因可以促使顾客多购买一些商品或单价较高的商品以提高客单价。同时，促销还可以刺激没有购物计划的游离顾客形成购买行为，还可以用某一商品的低价格吸引顾客到店，顺便购买其他正常价格的商品，从而打开商品销售的大门，而不局限于让顾客购买促销的商品。

2.提升形象，提高知名度

店铺可以通过一定的促销活动提升形象，提高其知名度。

比如，店铺可以用有特色的广告或商品展示来对特定的商品进行促销。虽然店铺促销的只是某种类型的商品，但顾客被活动吸引到店里后，会全面地认识与感知店面的设计、清洁状况、服务等，从而影响到顾客对店铺整体形象的认知。

3.促进商品流通

商品是店铺的命脉，良好的商品运转会带来良性循环，店铺可以通过适当的促销活动来推动商品的流通。

比如，新的宠物饰品上市时，可以先试用，合适后再付款；新的宠物食品也可先试用，如果宠物对这个口味的饲粮不适应，可以退换，以消除宠物主人的后顾之忧。

"不怕货比货，就怕不识货"这样才能树立商品在宠物主人心目中的地位，从而快速地进入市场，所以店铺可以利用促销活动来鼓励顾客试用。

4.对抗竞争对手

在店铺经营过程中，由于同类店铺数目不断增加，竞争也日趋激烈，众多的经营者都加入了以促销来争取顾客的行列中，激烈的市场竞争在某种程度上演变成了促销手段的竞争。可以说，谁的促销活动力度大、效果好，谁就拥有更高的市场份额，谁就掌握了打败对手的决定权。因此，一项新奇、实惠有效的促销活动，会增强顾客对该店铺商品的购买愿望，从而打败竞争对手。

5.加速滞销品的销售和库存的清货

滞销品会造成顾客对商品本身产生的疑虑，长期下去可能对店铺产生不良的影响。因此，通过促销可以加速滞销品的周转降低库存，及时清理店内存货，加速资金周转运行。

 开店锦囊

在进行促销时，店铺必须注意时刻维护自身形象，保持其在顾客心目中的良好形象，千万不能为了眼前利益而将有质量隐患或安全问题的商品卖给顾客。

二、促销的形式

促销就是店家通过运用一些特殊方法来促进产品销售的一种营销手段。一般来说，宠物美容店常见的促销形式如图10-2所示。

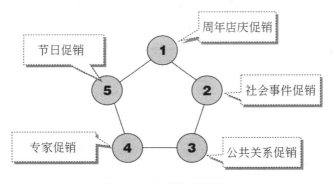

图10-2　常见的促销形式

1.周年店庆促销

周年店庆促销的重要性仅次于新店开业促销,由于这种促销每年只有一次,通常供应商会给予较大的支持。

2.社会事件促销

特定事件或突发事件,往往因为出乎意料,没有心理准备,使店铺难以做出敏锐的应对。然而,精明的经营者会迅速决策,及时分析,总能先他人一步抢占商机。因此,店主要经常关注并及时掌握社会及商圈内有关事件及新闻,并研究其对店铺经营及顾客购物心理的影响,然后发现良好的促销主题,立即确定促销商品,在最短的期限内推出促销活动,以抢夺先机,塑造店铺的经营特色和差异化。

3.公共关系促销

公共关系促销是通过店铺的公共关系活动使其与社会各界建立良好的理解友谊和支持关系,从而以其知名度和美誉度来带动商品销售的一种间接促销方式。主要方法如图10-3所示。

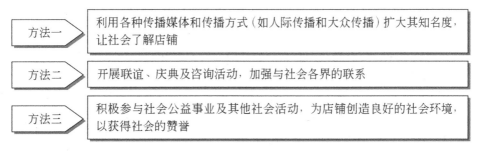

图10-3　公共关系促销的方法

4.专家促销

集权威性、科学性、可信性于一体的专家促销，为企业提供了一个新的、可供选择的促销方式，可在无声中赢取顾客，为店铺向前发展添砖加瓦。因为专家有一定的知名度和可信度，用专家促销的商品要比其他商品更值得信赖，专家有自己的关系网，促销商品较容易。

比如，宠物美容店在开业之初，可聘请相关专业的专家教授坐堂，待店铺走向正轨之后，专家可每周坐堂2~3次，以排疑解难，增加店铺的名气和影响力。

5.节日促销

节日促销，顾名思义，就是指宠物美容店在节日期间利用养宠人群的消费心理，综合运用广告、公演、现场售卖等营销手段，进行产品、品牌的推介活动，以提高产品销售力，提升品牌的形象。一般来说，节日促销的操作步骤如图10-4所示。

步骤一 准确的定位

明确是品牌形象宣传还是现场售卖，不要陷入甩卖风、折扣风的促销区。另外也要了解竞争对手的情况，如新品状况、折扣情况、赠品分派、新产品引进等

步骤二 确定最佳的行动方案

要有好的方案，进行周密的计划和人员安排，发挥团队作战优势，团结一致，齐心协力才能做好工作

步骤三 确定时间安排和规划预算

再好的策划，再好的时机，如果没有好的规划预算，届时产品不充足，促销品不到位，顾客该买的买不到，也必定影响整体活动的效果

步骤四 现场氛围营造

节日活动气氛包括海报、POP（卖点广告）张贴、装饰物品的布置、合适的音乐，这些都将刺激顾客的购买欲望。要调动员工的积极心态，制定恰当的销售目标，活动结束后，按照达成率情况进行奖赏

| 步骤五 | 评估总结 |

每次活动后都要进行评估总结,比如本次活动销量情况、执行有效性、消费者评价比、同业反应概况等。分析每一次活动的优点和不足,这样才能提升下次节日营销的品质和效果。

图10-4 节日促销的操作步骤

 相关链接

宠物美容店常用的促销方法

1. 折价券(或代金券)

使用按面值兑换的折价券,可以对第二次消费给予优惠让利,折价券应以简单的文字将使用方法、限制范围、有效期限等一一描述,同时要尽量避免出现误兑。

2. 样品派送

即免费赠送小包装大众化、有独立品牌的样品,如提供小包装犬粮等供宠物犬试用等,成功的样品派送可使10%~15%的试用者变成固定客源,而其促销成本只有折价券的1/4。

3. 附赠赠品

随所售商品附赠有价值的相关商品给顾客,赠品要与售品有一定的关联,力求突出具有购买吸引力和独立品牌,最好不要挑店铺正在销售的商品作为赠品。

4. 减价优惠

减价优惠至少要有5%~20%的折扣,并要有充分的理由才能吸引顾客购买,把原价及减价后的现价同时标注,以形成鲜明的对比,但不易过度频繁使用,否则会有损品牌形象。

5. 大甩卖

即商品以低于成本或非正常价格的方式来销售,是一种价格利益驱动战术。对商家而言,大甩卖又是一种清仓策略,通过大甩卖,能够集中吸引消费群,刺激人们的购买欲望,在短期内消化掉库存商品。

6. 印花累计促销

该类促销活动通常要求顾客在某一时间内收集两个以上印花标记（也可是商标、标贴、瓶盖、印券、票证、包装物等）以换取免费赠品或折扣。

7. 抽奖促销

即顾客在参与活动购买商品或消费时，对其给予若干次奖励机会的促销方式，如刮卡兑奖、摇号兑奖、拉环兑奖、包装内藏奖等。

三、库存产品的促销

有时候，由于各种原因，宠物美容店的商品不是都可以卖出去的，这就导致了库存的积压，那么店主该如何把这些商品卖出去呢？可采取如图10-5所示的方法。

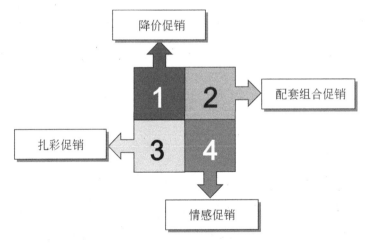

图10-5　库存产品的促销方法

1.降价促销

降价促销是处理积压商品普遍的方法，可将积压商品统一定价为某一价格，如5元商品区、10元商品区等，专门出售各种各样品目繁多的积压商品，统一价格，不分优劣，尽挑尽选。

2.配套组合促销

店铺在面对积压滞销商品时,根据不同层次顾客的特殊需求,将一些有关联的商品组合在一起,以整体形式面对顾客,使顾客产生购买的欲望。

比如,在给爱犬美容后,巧妙地配以适当的饰品,使宠物在整体上更加美观大多会得到顾客的认同,达到推销宠物饰品的目的。

3.扎彩促销

扎彩,即将五花八门的积压商品、清仓商品放进各种各样的口袋中,不开袋廉价出售。为了吸引顾客,商家给这种口袋起了一个吉祥的名字叫"幸福袋儿"。扎彩促销一般在新年之际推出,抢购的人很多,一是图便宜,二是讨口彩。

4.情感促销

店铺在促销活动中不仅要针对顾客的消费心理和情感需求,有的放矢、投其所好地推出感性商品,而且还要采用情感化的促销手段,在推销商品的同时把情感推销出去。店铺在面对大量库存商品时,可以根据顾客情感的需求,创造一种表现情感的、全新而有意义的主题,然后根据主题设计促销活动,引起顾客的共鸣。

比如,在宠物饰品的贴标签处贴上"宝宝"的照片,再印上名字和简单的吉祥用语,是不是很有"人情味"的创意?

四、促销的技巧

为了达到促销的目的,店主在采取不同促销手段的同时,也应讲究一定的促销技巧,具体如图10-6所示。

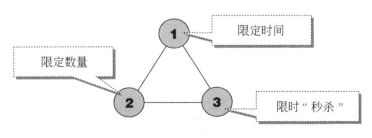

图10-6 促销的技巧

1. 限定时间

宠物美容店的促销和其他店铺的促销是一样的。比如说京东的"6.18活动"、天猫的"11.11光棍节",都是只有一天,但是一天的销售量往往比得上1～2个月的销售量,不仅仅是因为在这一天举办活动,价格会低一些,能够购买到打折的产品,更是因为活动仅有一天,错过了就需要再等下一年,而消费者往往喜欢这种方式,以时间为促点往往会取得非常好的效果。

2. 限定数量

不仅仅是要限定时间,同样需要限定数量,要打出限量的口号。

比如,"现在优惠,仅此100件""清仓大处理""仅此50件"等,让人一看就知道数量不多了,给人一种紧迫感,让人明白这是需要去抢购的,否则就没有了,在宠物美容店的促销活动里也往往能够取得非常好的效果。

3. 限时"秒杀"

限时"秒杀"是一个非常实用的促点,一般网上购物用到的比较多,很多网上产品在很短时间内就被抢空,甚至只用一秒,所以,在线下也一样可以用"秒杀"来吸引消费者购买,即将一种商品压到非常低的价格,甚至五折、三折,虽然说对于宠物美容店是一种亏损,但是可以吸引大量的消费者。同样,"秒杀"也需要限时限量,否则宠物美容店会出现很大亏损。

 相关链接

促销需要把握好度

宠物美容店的促销活动可以不定时地举办,但是不可经常举办,否则消费者会非常容易失去新鲜感。这就需要把握好下面两个度。

1. 把握好时机

很多事都讲究"天时、地利、人和",因此对于宠物美容店的促销也一样,需要把握好时机,根据时间来决定促销。比如节假日和重要的日子,像劳动节、中秋节、国庆节等,一方面节假日放假,顾客有时间到宠物美容店进行消费;另一方面节假日的气氛容易形成购买的欲望,顺时而为,成功的概率非常大。

2.把握好一个度

促销就是一种以某种方法作为手段进行大量销售的活动,但是这种促销也有一定的局限性,不能太过火。因为促销时商品本来就低于原有的价格,利润会比较少,如果不能把握好一个度,那么促销得越多,亏损得越大,对于宠物美容店是非常不利的。

举办促销活动最好是定下一个时间,比如在某一段时间进行降价打折,不仅能够吸引到大量的顾客,为宠物美容店聚集了人气,而且还能吸引大量的潜在客户,对于发展是非常有利的。

五、提升人气的技巧

经营一家宠物美容店怎样才能激烈的市场竞争中吸引顾客关注,是店主所要考虑的一个问题。引起顾客关注的技巧如图10-7所示。

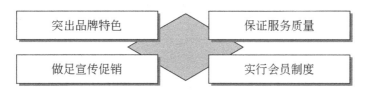

图10-7 引起顾客关注的技巧

1.突出品牌特色

鱼龙混杂的宠物市场上,许多经营不规范、质量无保证的小型宠物美容店充斥在其中,消费者在选择宠物美容店消费时,相对于不了解的个体经营店,更偏向于认知度高的品牌宠物美容店,品牌宠物美容店往往具有鲜明的品牌特色和优质的服务作为标识,从而在消费档次和售后服务上使消费者产生信任。

2.做足宣传促销

打折促销是宠物美容店打开市场最有效的方式。

比如,举办一个隆重的开业仪式,让附近居民知道宠物美容店的开业,同时推出各种优惠活动,如免费试洗、赠送小礼品等,让更多人参与其中,了解到宠物美容店优质的服务体验。

通过优惠的打折促销活动,可以吸引一些潜在消费者前来光顾,不仅提高了宠物美容店的业务量，也能大大提高宠物美容店的人气。

广告宣传也是不可缺少的部分，如灯箱广告、画册广告、车身广告等，广告要做得精美、时尚，具有层次感，能吸引消费者注意力。

 相关链接

宣传媒体的选择

宠物美容店的宣传方式有很多，但是适合自己店铺的才是最好的。下面介绍几种常见的宣传媒体。

1.立地展示

立于地上的地面广告，有锥形、柱形、瓶形等，其展示效果显著，视觉印象强烈，但占用面积较大，制作成本较高。

2.悬挂式展示

挂在空中不占用商品摆放空间，其悬挂高度应适中，以引起顾客的注意。但应注意及时更换，防止过于陈旧而失去效果。

3.壁面展示

这种形式较费空间，但美化店面作用较强，如海报、装饰旗等。

4.贴纸

即可以贴在壁面玻璃、商品上的各种轻巧印刷物，一般制作成本较低。

5.店铺的有声广告

利用店铺固定的音响设备进行现场的广告宣传，可以让顾客得到最新的商品信息，但需注意播放的音量要适中，声音要柔和悦耳。

6.电视、电台、报纸、杂志四大媒体广告

其发行、传范围广，影响大，但费用较高。同时四种媒体又各具特点，店铺需酌情采用。

7.互联网广告

富于灵活性和实效性，覆盖人群不受地域和时间的限制，受众注意力高度集中，成本低。但受众选择余地小，地方性受众人数少，广告阅读率低。

8.POP广告

通过设置在销售现场的宣传物的宣传，刺激顾客产生消费需求而当场购买。POP广告可以放置在店铺内外，顾客既能看到广告，又能看到实物，印象深刻，感召力强，效果比较理想。

3.保证服务质量

作为为人们提供服务的行业，服务质量是宠物美容店成功的必要条件，也是店铺积累人气的方式。随着宠物美容店越开越多，宠物服务价格已经保持在一定水平，想要吸引顾客消费，则必须要有比别人更优质的服务，才能在行业竞争中笑到最后。

卓越的服务质量既可以留住顾客，还可以形成口碑效应，在顾客间形成广告效应，让老顾客带动更多新顾客的光临，如此循环下去，顾客会越来越多，这种分享式的宣传比任何一种广告都来得有效。

4.实行会员制度

众所周知，现在的各行各业消费中，都非常盛行会员制消费，宠物行业中同样也非常盛行。对于宠物美容店经营者来说，会员制储值消费意义重大，不仅有助于投资者早日回笼资金，而且还能稳固宠物美容店消费者。对于加入会员制消费的顾客来说，也能获得各种各样的优惠，可以说是一件两全其美的事。

六、社群营销

社群营销就是基于相同或相似的兴趣爱好，通过某种载体聚集人气，通过产品或服务满足群体需求而产生的商业形态。社群营销的载体不局限于微信，各种平台，如论坛、微博、QQ群，甚至线下的社区，都可以做社群营销。

1.建群的作用

对于宠物美容店来说，建群的作用如图10-8所示。

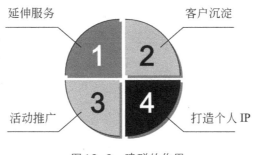

图10-8　建群的作用

（1）延伸服务。每家宠物美容店业务覆盖范围方圆2～3千米，如果区域内还有其他宠物美容店来瓜分客户，生意会更难做。建群就是为了扩大业务覆盖范围。有了群，就可以把客户拉进群里，在群里做优惠活动，凡是加群的顾客都有优惠，允许顾客把自己的朋友拉近群里一起享受优惠。这样很可能把方圆5千米之外的客户覆盖进来。

（2）客户沉淀。顾客到店消费之后到离开，如果没有一个维系顾客的渠道，顾客很容易被其他宠物美容店抢走。因此需要一个平台来留存顾客，让顾客变成忠实顾客。

（3）活动推广。靠线下活动宣传覆盖面小，宣传成本高。利用社群做活动推广，只需做一个活动文案，就可以让群里所有顾客知道宠物美容店的活动。

（4）打造个人IP（图10-9）。个人IP是区分其他宠物美容店的地方——个人品牌。之所以现在这么多自媒体人能获得成功，因为他们每一个人都是一个"个人IP"，每一个人都是自己的品牌，读者认准的是这个人。同样，宠物美容店主也要打造自己的品牌，品牌又要从服务、商品、专业水准等各方面来呈现。

图10-9　打造个人IP

2.社群活跃的对策

一般店主建群后都会遇到这样的问题：没人说话、有人说坏话、建小群等。处理不善，建群就会毫无意义，最后群也会解散，还会影响宠物美容店的声誉。那么，应如何应对这几个问题呢？具体对策如图10-10所示。

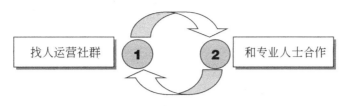

图10-10　让社群活跃的对策

（1）找人运营社群。找的人可以是你的朋友，但一定要养狗，3～4个人即可，运营人员是群里的润滑剂，能活跃宠物社群。这些运营人员的主要做什么呢？

首先，在群里做分享。运营人员要在群里分享自己的宠物，吸引其他群友询问宠物吃什么食物、玩什么玩具、去哪里美容等，这时候运营人员就可以说使用的是我们宠物美容店的产品。

其次，在群里分享教学视频。

比如，在群里分享宠物美容店修剪狗毛，给狗洗澡的小视频，顾客会有自己动手的冲动，但是真正能长期自己动手的顾客几乎没有，但是分享这些内容，会让顾客对我们产生好感。

再次，在群里消灭危机。宠物美容店最怕出现信誉危机，最严重的是宠物死亡事件，一旦发生，信誉很难保证。

比如，人在群里说宠物美容店的坏话，社群是一个群体，而群体有一个很重要的特征——事件迅速发酵至爆发，你一言我一语就把一个小问题无限放大。运营人员这时候就需要站出来为宠物美容店说好话，一是安抚说坏话人的情绪，二是对其他顾客进行引导，意思是告诉其他看客"有这么多的人替我们宠物美容店说好话，我们的宠物美容店是值得信赖的。"就像在网上买东西，看到很多差评，但是同样有很多好评，很多人照样会选择购买。

（2）和专业人士合作。对于大部分人来说，专家的意见仍然会主导他们的生活，比如宠物医生、牵犬师等。这些专业人士，他们在群里做什么呢？

第一，答疑解惑。每周固定一个时间给群友们进行答疑解惑活动，之所以固定时间，一是因为专家的时间有限；二是为了培养群友习惯，让他们不会忘了我们。问题答疑是为了调动顾客的积极性，让群友和专家，群友和群友之间进行互动，结束后可以由专家推荐几款店里的商品，有专家推荐，商品会更容易出售。

第二，教学。每周固定一个时间用来做教学，医生做义诊，牵犬师做宠物训练教学等。让顾客把自己宠物的问题提出来，让专家诊断或者规划美容。

七、微信推广

微信营销是网络经济时代企业或个人营销模式的一种，是伴随着微信的火热而兴起的一种网络营销方式。微信不存在距离的限制，用户注册微信后，可与周围同样注册的"朋友"形成一种联系，订阅自己所需的信息，商家通过提供用户需要的信息，推广自己的产品，从而实现点对点的营销。

1.微信推广的原则

店主利用微信推广时，要遵循如图10-11所示的原则。

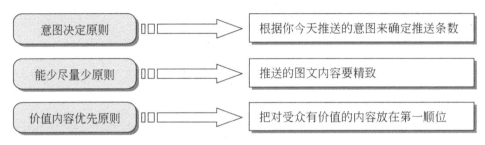

图10-11　微信推广的原则

2.微信推广的步骤

通过微信，扫一扫宠物美容店二维码即可关注店铺，完成订购、付款等一系列购买的完整程序。这对于宠物美容店来说，非常方便快捷。那么，宠物美容店该如何做好微信推广呢？可参考如图10-12所示的步骤。

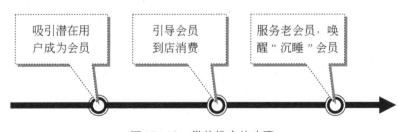

图10-12　微信推广的步骤

（1）吸引潜在用户成为会员。吸引潜在用户成为会员有四种方式，如表10-1所示。

表10-1　吸引潜在用户成为会员的方式

序号	方式	具体说明
1	全员营销	门店可以要求所有员工申请自己的微信号，让员工在闲暇时间，通过自己的微信寻找附近的人并加好友（附近的人都是潜在客户），通过聊天将门店的微信会员卡转发给他，他领取了会员卡便可以看见店铺的各种折扣，并且可以通过抽奖来获取更大的优惠，随之就可能会来店里消费。为了调动所有员工的积极性，可以设置相应的员工目标奖励
2	店内二维码投放	店内收银台或门口放置醒目的二维码展架，顾客进店或结账时，员工向顾客介绍扫二维码抽奖活动及优惠情况，店外窗户或墙壁上粘贴印有二维码的大海报，以吸引过往人群来扫二维码，从而发展新会员。注意：员工一定要主动去给客户推荐扫二维码，只要收集了客户信息，进行抽奖、优惠券等互动营销就可能会引导会员到店消费
3	网站悬挂二维码	针对网上订购宠物产品的顾客，可以在网店悬挂二维码，扫码顾客可享受一定的优惠折扣，以此来吸引用户关注成为会员
4	包装袋附带二维码及Logo介绍	在包装袋或购物袋上附带二维码贺卡，并鼓励用户扫码成为会员，成为会员后和商家核对个人信息，可赠予抵用券等优惠

（2）引导会员到店消费。持有微信会员卡的顾客消费享受了一定的折扣或优惠，可以鼓励其分享朋友圈以发展新会员。在结账登记消费记录时，提醒会员完善客户资料，宠物美容店可做一套客户关怀系统，依据商家的设定，定期发送关怀信息或优惠内容，刺激客户不断地来消费。

同时，对申请会员的顾客启用积分系统，会员积分达到一定程度可兑换部分商品或奖励，吸引用户多次在本店消费。

（3）服务老会员，唤醒"沉睡"会员。发展一个新会员的成本是维护一个老会员成本的9倍，调查显示，49天没有来店消费的会员可视为"沉睡"会员，面临失去的危险，必须采取一定的手段来唤醒"沉睡"的会员。宠物美容店可针对这部分"沉睡"会员给予老用户购物返利等促销活动刺激消费欲望。

3.微信推广定位

宠物美容店微信营销的目的，是希望通过微信平台实现消费者对自己的认可，与消费者建立联系并促进重复购买，最终创造更多的价值。微信营销应从内容入手，在做好定位的同时，选择好营销目标，确定好目标人群。

4.微信推广的内容

微信推广的内容可以是宠物用品的选购、宠物美容知识，或者通过让用户分享自己关于宠物的故事，让看的人觉得你就在他的身边，亲近、及时、鲜活、真实、高效。

微信通常是每两三天发送一次有关目标群体喜好、需要的实用信息，平常可以进行一些有奖问答、趣味竞猜等。

篇幅一定要短小、精悍、实用，有创意和趣味性，发信息的频率不能太高，以免接收者厌烦，且发送次数少也节约了组织者的时间成本。

5.及时与顾客互动

宠物美容店在利用微信营销的时候，要准确恰当地回答顾客的提问。微信商城可以自动智能答复，卖家可以在系统自定义设置回复内容，当用户首次关注您的商城时，可自动发送此消息给客户。还可设置关键词回复，当用户回复指定关键词的时候，系统将自动回复相应设置好的内容，让客户第一时间收到想要的消息，增强与客户之间趣味性的交流方式。

微信推广的技巧

1.多多强化品牌符号

品牌是你和用户的一个关键纽带，也是你一切努力的最大无形资产，注意在任何一次推广的时候，以一个比较恰当的方式带出品牌名字和符号。在一次一次的重复中，用户才会对你的品牌产生强的印象，在真正需要的时候才会主动找上门。

2.做用户的朋友，态度不卑不亢

在营销推广的时候态度一定要注意不卑不亢。什么叫不卑不亢？就是我的品牌是受大家欢迎的，我也是合法经营，你到我的店消费，我肯定会服务好；但是你不想买，我也不会无休止地向你推荐，或者降价委曲求全。一个真正能够做大的品牌，基本都有这样一种不卑不亢的"基因"。

3.注意发朋友圈频率

切忌高频发朋友圈。要知道，微信朋友圈的屏蔽功能是很强大的。一次两次不理智的行为，就可能会让关注的人数立减。另外，同样的产品不要一次一次地发布。如果不得已要发，也一定要在文案上做些变动，传达出一些新的信息。不要让用户产生"无病呻吟"、天天重复发朋友圈的印象。

将精力花在准备图片和文案上，一条精品的朋友圈远比七条劣质朋友圈来得更有效。节日期间可以增加频率到一天一次，但是也请注意保持质量。

4.内容尽量多元化

朋友圈发的内容多元化一些，不要一味地宣传产品照。在网上搜集一些有关闲适生活，品位生活的照片和文字，加上自己品牌的烙印，发出来与大家分享；写写自己开宠物美容店的苦与乐，写写遇到有意思的客户的小故事，这都是非常有效的手段。

5.购买一套稍微专业的摄影装备，提升图片质量

店主可以投资购买一套专业的摄影装备，把产品照片拍得上档次一些，让看的人更容易动心，购买的人自然也就多了。这也是非常划算的投资。

6.发的文章一定要有刺激人转发的点

对于有公众号的宠物美容店，除了考虑"粉丝"的阅读感受之外，还需要考虑的一个点是，如何刺激"粉丝"转发文章，以获取更多的阅读量和新"粉丝"。在这一点上，新手常犯的一个错误就是，自己沉醉于自己的文章当中，很自以为是地认为，文章写得好就能带来转发。请一定要站到"粉丝"角度上来思考这个问题，"粉丝"转发这篇公众号文章的原动力是什么？其实很多人分享文章都是希望可以借这篇文章向自己的朋友表

明立场，表明品位。所以，在发文章的时候，记得将这一点考虑在内，一定要保证自己的文章被转发以后不会掉档次。做到这点，公众账号的推广效果也会得到有效提高。除此之外，给用户一些经济的刺激，做一些转发有奖的活动也是有效的，但是建议不要经常使用，这种方式最好留在节日期间。

第十一章 客户服务管理

第十一章
客户服务管理

导语

要让自己的店铺在激烈的竞争中立于不败之地，树立和掌握全新的服务理念非常重要。店主应全面深入了解顾客，主动出击争取顾客，努力留住老顾客，用服务提高顾客满意度，赢得顾客的忠诚。

一、热情接待顾客

一个顾客来宠物美容店消费,当有人热情迎接和没人接待,给顾客的感觉是完全不一样的。因此,经营者应热情接待来店的顾客。

1. 接待顾客的要求

宠物美容店的工作人员在接待顾客时应遵循下列要求。

(1)形象得体。要求工作人员有好的形象并不是非得长相非常漂亮,只要长相亲切,思维灵活,再配以整洁统一的着装,就能容易打动顾客。

 开店锦囊

忌讳女服务员披头散发、浓妆艳抹、指甲奇长,男服务员头发蓬松杂乱、满身油污,这样容易引起顾客的不悦和反感,从而影响店铺的整体形象。

(2)礼貌待人。对于进店的消费者,无论其是否购买店里的商品,只要他进入你的宠物美容店,就意味着有销售商品的可能,所以给他一个热情的微笑,一句真诚的问候,相信这位顾客很可能就会变成你的常客。

现在很多宠物美容店都要求销售员在顾客进店时要问好,一句"您好,欢迎光临"并报之以微笑,无形之中就给了顾客一种亲和的感觉,使得顾客更愿意到店内多看看,多了解,进而达成交易。对此,店员应尽量做到如图11-1所示的几点。

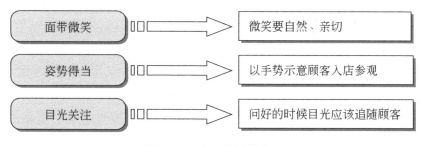

图11-1 店员应礼貌待人

（3）态度友善。宠物美容店的服务对象是宠物，但直接面对的还是宠物主人。这就要求工作人员不但要对宠物主人亲切有礼貌，耐心回答顾客的各种问题，而且要对宠物主人的"宝宝"嘘寒问暖，竭尽美言。有的宠物主人刚刚饲养宠物，没有经验，可能要询问一些本店经营内容以外的问题，此时工作人员要热情礼貌，耐心解答，运用其专业知识，给顾客留下良好的印象，从而帮助宠物美容店留住客人。

反之，如果工作人员态度恶劣，顾客就有可能被"吓跑"。有时，刻意对"宝宝"美言几句，确能愉悦主人的心情，起到事半功倍的作用。因此，要注意对工作人员进行这方面的教导。

2.接待顾客的技巧

工作人员在接待顾客时，要善于了解顾客心理、探知顾客爱好、迎合顾客兴趣，预知顾客反应，适当应对，并提供恰到好处的服务，使其轻松而来，满意而归。

（1）了解顾客心理。顾客的身份、年龄、职业爱好、习惯虽各有不同，其态度和表情也因人而异，但是，其求新、求实、求廉、求美的心理状态是共同的，工作人员要了解和掌握顾客的不同心理状态，推销顾客满意的商品和服务。

（2）探知顾客爱好。在接待顾客时要善于察言观色，了解顾客的性格，探知顾客爱好，对于注重理性的人，谈话内容要求条理井然、层次分明；对于注重情感的人，要讲些感性的事实、对注重利益，讲究实惠的人，要介绍商品的实用性；对于犹豫不决的人，要帮助解决其后顾之忧，做到有的放矢。

（3）迎合顾客兴趣。有些顾客购买商品是凭兴趣出发的，而顾客的兴趣又是多种多样、不断变化的。为此，工作人员要抓住顾客兴趣，从顾客感兴趣的话题开始，推销顾客感兴趣的商品和服务，要是顾客不感兴趣，工作人员应该赶快转换话题，不要滔滔不绝大谈顾客不感兴趣的内容，以免浪费时间和精力。

（4）预知顾客反应。工作人员在与顾客进行谈话时，要预测顾客反应，不同的顾客对同样的谈话反应会不同，因此要区分对象，采用不同的接待方法。不分对象、不管顾客反应如何，一股劲地进行推介谈话，常常会弄巧成拙。

相关链接

不同顾客的接待方法

1. 忠实的老顾客

这部分顾客群体是宠物美容店的主要消费群,也是店铺的主要利润来源,而这部分顾客在长期的交易过程中已经建立了相对稳固的关系,彼此之间形成一种默契,所以店员们在接待老顾客时可以有必要的问候,了解需求,让他们感受到宠物美容店对他们的关心,不需要过度地嘘寒问暖,否则会给熟客不真实感,反而"吓跑"了忠实顾客。

2. 摇摆不定的顾客群

这种类型的顾客可能今天来你家消费,明天就到别家消费了,也就是说他们的随意性比较大,而且对于品牌的注重或认可度还不够。因此,对待这类型顾客,宠物美容店店员需要用热情的服务来吸引和维护关系,使之成为店铺的固定消费群体,同时面对顾客的问题要耐心讲解,细致观察他们的消费行为,进行有针对性的产品推介。

3. 初次光临的顾客

对待这部分顾客,宠物美容店店员的热情度要相比于前两者都高,首先要热情问候,让顾客感受到店员们的真诚,以此拉近距离。其次,通过对顾客表情、动作、语言的观察来探测他们的需求,当顾客表示需要先看看时,工作人员就不必步步跟随,只要站在顾客能看得到的地方,以便在顾客有需要时及时上前解答便可。

二、提供优质服务

在这个注重服务的时代,优质的服务是留住消费者的重要方法,更不必说宠物美容店是以服务为主的店铺,想要自己的服务比其他店铺更好,那么宠物美容店就应做到面面俱到,为顾客提供优质的服务。具体要求如图11-2所示。

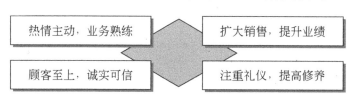

图11-2 优质服务的要求

1. 热情主动，业务熟练

顾客进店时，工作人员要起立、目视、主动招呼、笑脸相迎，顾客离柜时要说"欢迎再来"，不能失礼，切忌冷淡。同时，店员对店铺所售商品的尺寸大小、质地优劣，对宠物美容和护理知识都能脱口而出、滚瓜烂熟，从而给顾客留下这个店的工作人员很专业的第一印象。

2. 顾客至上，诚实可信

工作人员在介绍商品的品质和推介服务项目的同时，要珍惜顾客的时间，不要言不由衷、唠唠叨叨，推介要照顾顾客利益，介绍时要想到顾客需要，做好顾客的参谋，这样才能增加营业额，才能取信于顾客，从而赢得更多顾客的信赖。

3. 扩大销售，提升业绩

扩大销售、提升业绩是每个工作人员的职责。顾客是重复消费者，也是最好的业务宣传员，因此工作人员要善于利用自己所掌握的各种推销技巧和业务知识，通过专业的服务取得顾客的信任，与顾客建立良好的人际关系，提高顾客的消费量和消费频率，从而增加店铺的营业额。

4. 注重礼仪，提高修养

仪表是无声的宣传，仪容是非常好的广告。举止大方、衣冠整洁、以诚待客、知理知趣，是良好店风店貌的象征。店铺业务是项礼遇性很高的工作，这就要求工作人员必须注重礼仪修养，在服务顾客时要谦虚温和、友好坦率、动作协调、语言轻缓、细心礼貌。

 开店锦囊

宠物美容店虽然是以宠物为主，但是服务对象更多的是宠物的主人，所以只有宠物主人感觉好才是好的。

相关链接

如何为顾客提供优质服务

随着人们生活水平的提高,对于消费的服务也有了很大的改变,越来越注重服务的体验,宠物美容店也应该提供优质的服务,这样才能够让消费者满意,从而认可这家宠物美容店。因此,宠物美容店可从以下几个环节来提升服务质量。

1. 顾客接待环节

(1)实行微笑服务,如顾客进入店门后,工作人员应主动上前向顾客问好,并欢迎顾客光临。

(2)若顾客携带较多的物品入店铺时,可以安排代客保管物品在收银处(贵重物品除外),便于顾客在店内舒适地选购商品,或为宠物进行美容。

(3)有商品推介活动时,工作人员应向行人及入店顾客进行推介及派发传单。

(4)当发现有人在门前摆放杂物或摩托车、自行车等时,工作人员应礼貌地上前劝阻,以确保门前整洁。

(5)下雨时,店门口应设雨伞桶,迎宾同时应礼貌地请顾客将湿雨伞或雨衣放置桶内,离店时取回。

(6)顾客离场时,工作人员应稍微鞠躬,向顾客道别并道谢,欢迎顾客下次光临。

2. 商品销售环节

(1)工作人员在店内必须时刻保持心情开朗,面带笑容。

(2)遇到客人时,要主动向顾客打招呼并请顾客随便观看。

(3)留意顾客的需要,与顾客保持适当距离,视情况进行推销。

(4)当发现顾客对某一商品感兴趣时,应主动上前介绍、展示商品并用邀请式手势引导顾客试用商品。

(5)使用专业推销技巧及商品知识进行推销。

3. 服务进行环节

(1)遇有顾客需要为宠物美容时,工作人员亦应态度和蔼,详细为顾客介绍美容程序和所需要的时间,严格按规程操作。

（2）如果要为宠物做洗浴、吹发、梳理被毛、修剪趾甲、清洁耳道、清洗眼球等服务项目，通常所需时间比较长，为防止顾客干扰宠物美容师的工作，避免宠物洗浴后着凉感冒，宠物美容通常是在一个独立的工作间内完成工作。此时，应将顾客引至休息区，并为顾客准备有关宠物美容护理、宠物食品和饰品等方面的杂志，或准备当天的报纸等，以使宠物主人愉快地度过等待时光。

三、客户信息管理

随着信息化进程的加快，信息管理的重要性日益凸显。对店铺经营而言，收集和分析顾客资源、了解自己与竞争店在销售和服务中的差别等信息是促进销售、提升业绩的有效途径。怎样收集、管理和使用信息，在某种程度上将决定店铺的输赢。

1. 顾客信息的收集

在信息技术高度发展的今天，掌握一定数量的顾客信息，可以把握顾客类型及其消费心理，引导顾客的消费行为，从而销售更多商品，提升销售业绩。

店铺必须做到像了解商品一样了解顾客，像了解库存变化一样了解顾客的变化。顾客信息收集越完整，为店铺经营提供的空间将越大。

2. 建立顾客信息表

宠物美容店在开店经营过程中，如果能够建立健全顾客信息表，那么，对于后期的经营是非常有帮助。一般来说，顾客的信息表主要包括如表11-1所示的内容。

表11-1　顾客信息表的内容

序号	信息类目	具体说明
1	宠物主人资料	包括宠物主人姓名、性别、住址、职业、单位地址、电话、电子邮箱、家庭经济状况、个人性格、文化水准、兴趣爱好等
2	宠物资料	包括饲养宠物数量、品种、性别、年龄、毛色、毛型、用途（伴侣动物或比赛犬等）、喜欢吃何种饲粮、曾患过何种疾病、有无特殊要求等

续表

序号	信息类目	具体说明
3	惠顾资料	包括惠顾日期、惠顾类型（如为宠物洗澡剪毛、染发、护理、寄养或购买宠物食品、饰品等）、所购商品的名称、规格型号、价格、数量和惠顾金额等
4	其他信息	包括顾客的要求、建议意见，购买过程的长短及为什么选择在本店消费等

将以上基本的顾客信息资料库建立起来后，每一位顾客和他的宠物便有了自己的资料卡。

3.顾客信息资料库的管理

顾客基本资料和顾客的购买时间、商品类别，是建立详尽的顾客信息资料库时必须输入的参考资料。其中，如图11-3所示是顾客信息资料库管理的六大要素。

图11-3　顾客信息资料库的管理要素

（1）重点顾客。宠物美容店的重点顾客主要有忠诚顾客和好顾客两种。忠诚顾客是指对本店忠诚度很高的顾客，这类顾客由于惯性消费行为，对本店忠心不二；好顾客是指配合度高、议价空间大的顾客，这些顾客更注重购物和服务的便利性、时效性，因此，店铺应以服务追踪等电话访问方式建立其对本店的好感度与信任度。

（2）顾客基本情况。谁是店铺的老顾客？他们在哪里？通过顾客资料库管理系统，经营者可直接看到顾客的基本资料，如姓名、地址、电话、性别、出生年月日等。这些完整的客户资料，可以让每一次促销都达到"弹无虚发"的目的。

对店铺而言，掌握顾客名单能让其发挥电话营销的功能，利于商品使用情况访查，为老顾客提供新商品资讯等，从而建立起店铺和顾客之间的"超链接"。

（3）制造机会。多与顾客接触一次就等于多一次成交的机会。制造商机就是着重强调店铺主动出击，主动制造与顾客接触的机会，通过客户资讯系统，经营者可明确分辨哪些顾客已购买过哪些商品及其类别型号和价格，还缺什么可推介的商品等。如此，配合商品拓展、举办促销活动等名义，店铺可主动与顾客联系，吸引顾客消费。

（4）追踪服务。店铺可以通过客户名单进一步做出分析，看哪些顾客超过一段期限，如半年或一年没来购物，并辅以电话沟通。一方面可表达店铺的关怀，树立顾客对店铺的好感；另一方面，主动追踪可以增加游离老顾客的回流率，有助于店铺基石的巩固。

（5）惊喜和强化客情关系。给顾客一定的惊喜，如定期给顾客的"宝宝"寄去小玩具、小饰品等，是建立和强化客情关系的妙方。惊喜强调出其不意，让顾客感受到店铺无微不至的体贴心意，从而建立对店铺的好感和忠诚。

（6）资料管理与更新。顾客信息资料要由专人负责，内部使用，并实行动态管理。因为顾客的情况是不断变化的，所以顾客资料也要不断加以调整。若发现顾客资料有变动时，则要立即填写顾客变动卡，及时删除旧的或已变化了的资料，补充新的资料。

 开店锦囊

> 宠物美容店的消费者信息表需要及时更新，多联系顾客，这样才能加强消费者对于宠物美容店的归属感，才能速度扩张宠物美容店的经营。

四、退换货处理

在经营宠物美容店的时候，肯定会遇到顾客退换货品的情况，如果不能很好地处理，最终将会导致宠物美容店的顾客流失，那么如何处理比较正确呢？

1. 退换货的标准

有时，顾客在购买商品之后会因种种原因提出退换货要求。当顾客来店提出退货换货要求时，接待人员应先安抚顾客的情绪，确保店铺的正常营业，同时在允许的范围之内为顾客办理退货或者更换手续,按照以下标准处理顾客的退换货要求。

(1)销售的商品被鉴定为质量问题时,无条件退换。

(2)如退换的商品属质量问题时,应按购买价格退换。

(3)当所调换商品价格低于原商品价格时,顾客可挑选其他商品补充,直到与原商品价格持平,店铺一概不退款。如所调换商品价格超出原商品价格,则顾客需支付超出金额。

(4)对由于使用不当造成人为损坏的商品、没有购买凭证的商品、在销售时已声明不予退换的特价商品等,一律不予退换。

(5)顾客购买商品时如果接受了礼品,一般只换不退。

2.退换货的处理

店铺处理顾客退换货事件时,除按照一定的退换货标准和流程进行处理外,一定要做到从顾客的立场出发去思考问题,并针对不同的情况,区别对待。

(1)从顾客的立场出发。从顾客的立场出发,需要接待人员做到如图11-4所示的几点。

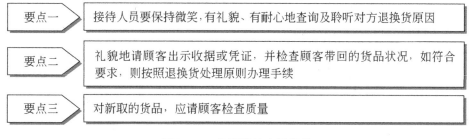

图11-4 从顾客的立场出发

(2)不同情况,区别对待。宠物美容店在为顾客处理退换货时,应根据不同的情况,区别对待,具体如图11-5所示。

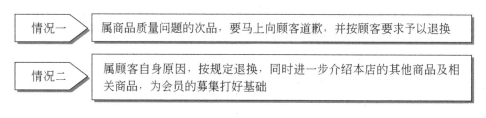

图11-5

| 情况三 | 因工作人员语言态度恶劣而引起的退货，店主要出面诚恳地道歉，尽量取得顾客的谅解，避免矛盾升级，减少损失 |

| 情况四 | 顾客恶意索赔时，要以正当理由坚决拒绝 |

图11-5　不同情况，区别对待

开店锦囊

并非所有的顾客退换货都是因为质量的原因，还是有一部分顾客想要赔偿的，经营者一定要判断出来，避免宠物美容店遭受损失。

五、顾客投诉处理

处理客户投诉是售后服务的日常工作之一。如果不及时处理，客户投诉所带来的负面影响会迅速扩散，必须在其造成不良影响之前处理完毕。

1. 引起顾客投诉的原因

一般来说，引起顾客投诉的原因有如图11-6所示的几种。

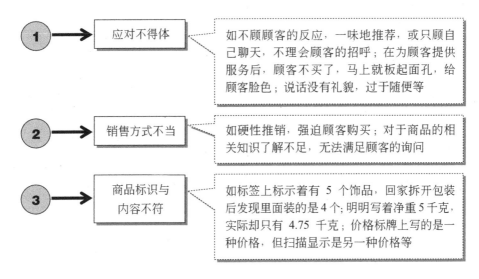

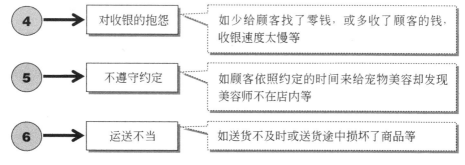

图 11-6　引起顾客投诉的原因

2. 正确对待顾客的投诉

顾客的投诉和抱怨是珍贵的情报和财富，必须非常重视。下面介绍几个正确对待顾客投诉和抱怨的方法。

（1）细心倾听。有些顾客的投诉可能具有攻击性，令你感到难堪，但他们都能告诉你一些你不知道的消息，这些资料可能有助于你改进宠物美容店的宠物样品或所提供的服务，所以，尽量向他们查询详细资料。

（2）认清事实。所有投诉都含主观成分，顾客不会知道你在工作上付出了多少心力，当你认清这个事实后，就可以心平气和地听取别人的意见。

（3）先听后说。没等客人说完就迫不及待地为自己辩护，无疑是煽风点火。所以应该让客人先说完意见，再做回应。

（4）主力反击。不要对客人的每点意见都做辩驳，宜集中处理最主要的冲突源头。

（5）忍气吞声。虽然有时候顾客也有不是之处，但你不宜进行反投诉，否则，事情只会越弄越糟。

（6）正襟危坐。如果你是面对面地处理顾客的投诉，请小心你的身体语言。

（7）正面回答。听过投诉后，要向客人做出正面的回应。如："多谢您的意见，我们会作为参考"。

3. 处理顾客投诉的方法

宠物美容店在经营过程中，难免会遇到顾客投诉的情况，此时，店主应认真对待，谨慎处理。具体措施与方法如下。

（1）商品质量问题的处理。若顾客买到手中的商品质量不良或是假冒伪劣商品，则说明店铺没有把好关，负有不可推卸的责任。解决此类投诉时，要先向顾客真心实意地道歉，并按店铺承诺给予赔偿，同时奉送新商品及一份小礼品作为补偿。

（2）顾客使用不当的处理。如果在商品销售时，工作人员对商品的说明不够准确，没有讲清楚使用方法或者卖了不适合顾客使用的商品而导致破坏性损失，店铺要承担部分责任。无论怎样，只要错误的原因在店铺一方，店铺就一定要向顾客诚恳地道歉，并以新商品换旧商品作为补偿办法。若是新商品换回旧商品后仍然不能弥补顾客所蒙受的损失，则应采取一定措施予以适当补偿和安慰。

（3）顾客误会的处理。如果是因顾客误会而产生的投诉，接待人员一定要平静、仔细地把事情的原委告诉顾客，让顾客了解真实情况，但也要注意不要将话讲得太明，否则顾客容易因下不了台而恼羞成怒。

（4）接待服务不当的处理。由于工作人员服务态度不佳而产生的顾客投诉，并不像商品质量差那样具体而有明确的证据，而且即使是同样的待客态度和习惯，也可能因顾客不同而产生不同的反应。因此，在处理时要仔细听取顾客的陈述，向顾客保证今后一定要加强工作人员的教育，不让类似的情形发生；店主还应陪同引起顾客不满的工作人员一起向顾客赔礼道歉，以期得到顾客的谅解并督促工作人员改进服务。

（5）不讲理顾客的处理。在处理解决顾客投诉过程中会遇到各种各样的顾客，特别是那些蛮横不讲理的顾客，他们大喊大叫、辱骂甚至有潜在的暴力倾向。对此，应本着"有理、有利、有节"的原则，赔礼道歉，给予退货、换货并加以一定的补偿，尽可能息事宁人。

 相关链接

如何正确对待客户的投诉

在接待和处理顾客投诉时，首先一定要让顾客把他心里想说的话说完，这是最起码、最基本的态度，体现出店铺对顾客的重视和尊重。如果不能仔细听顾客的诉说，一味地为自己辩解，中途打断顾客的陈述，使顾客无法充分表白他的意见，则有可能遭到顾客更大的反感。

正确的做法是虚心接受，本着"有则改之，无则加勉"的原则，让顾客充分地倾诉他的不满，并以肯定的态度诚恳地听其说完，至少可以让顾客在精神上得到一丝缓和，正所谓"不吐不快"。如果一直压抑顾客说话，就容易使当事者在心理上产生反感情绪，甚至导致过激的行为发生。

俗话说："推心置腹，将心比心"在接受顾客投诉时，要站在顾客的立场上想一想，如果我是顾客我会怎样做？因此，必须注意要从顾客的角度说话，了解顾客不满意所表现出的失望、愤怒、沮丧甚至痛苦，理解他们会在某种程度上责备经营者。

具体来说，他们希望经营管理和服务人员能全部或部分地做好以下工作：认真听取和严肃对待他们的意见；了解不满意的问题及其原因；对不满意的商品和服务予以退换或进行赔偿；急他们之所急，迅速处理问题；对他们表示同情和尊敬；希望看到某些人因服务出现问题而受到惩罚；向他们保证类似问题不会再发生。

总之，对顾客的抱怨，我们一定要诚心诚意地表示理解和同情，坦诚自己的过失，绝不能站在店铺或其他同事一方，找一些托词来开脱责任：实际上，在投诉处理中，有时一句体贴、温暖的话语，往往能起到化干戈为玉帛的作用。